卓越会计人才培养模式研究与实践

张林　王佳◎著

中国财经出版传媒集团
中国财政经济出版社

图书在版编目（CIP）数据

卓越会计人才培养模式研究与实践/张林，王佳著．—北京：中国财政经济出版社，2018.9

ISBN 978-7-5095-8477-4

Ⅰ.①卓… Ⅱ.①张… ②王… Ⅲ.①高等学校-会计-人才培养-研究-中国 Ⅳ.①F233.2

中国版本图书馆CIP数据核字（2018）第199366号

责任编辑：王　丽　　　　　　责任校对：胡永立

中国财政经济出版社 出版

URL：http：//ckfz.cfeph.cn

E-mail：cfeph@cfeph.cn

社址：北京市海淀区阜成路甲28号　邮政编码：100142

营销中心电话：010-88191661

天猫网店：中国财政经济出版社旗舰店

网址：https：//zgczjjcbs.tmall.com

北京财经印刷厂印刷　各地新华书店经销

880×1230毫米　32开　5.375印张　130 000字

2018年10月第1版　2018年10月北京第1次印刷

定价：30.00元

ISBN 978-7-5095-8477-4

（图书出现印装问题，本社负责调换）

本社质量投诉电话：010-88190744

打击盗版举报热线：010-88191661　QQ：2242791300

目 录

卓越人才培养计划概述

1.1　卓越计划概述

1.1.1　卓越计划的含义

为积极推行《国家中长期教育改革和发展规划纲要（2010—2020 年）》和《国家中长期人才发展规划纲要（2010—2020 年）》，从 2010 年起教育部开始了“卓越计划”的人才培养项目工程，与中国工程院、中央政法委、卫生部、中宣部等部委共同推出了卓越工程师、卓越律师、卓越医师、卓越教师等卓越人才培养计划，致力于规范和带领高等教育面向社会设计人才培养内容、改变人才培养结构、提高人才培养质量、推动教育教学改革、增强学生就业能力。2017 年 5 月，教育部副部长林蕙青强调，要全面把握习近平总书记在中国政法大学重要讲话的思想内涵、精神实质，采用一些新办法加快开展“六卓越一拔尖”人才计划，加大力度教育出高素质人才。“六卓越一拔尖”人才计划是卓越法律人才、卓越工程师、卓越农林人才、卓越新闻传播人才、卓越医生、卓越教师教育培养计划以及基础学科拔尖学生培养试验计划的集合。“卓越计划”强调人才是事业发展第一资源的理念，遵循教育规律和人才成长规律，从我国国情出发，借鉴国际有益经验，立足长远制度建设，着眼当前突出问题，以提高人才培养水平为核心，改革人才培养模式，创新体制机制，培养适应事业发展的高水平人才，提升我国各行业的服务能力、水平和国际竞争力。

2018 年 4 月，在“基础学科拔尖学生培养试验计划”工作研讨会上，教育部高教司司长吴岩表示，“我们不仅要培养科学家，还要培养思想家，要通过‘拔尖计划’培养中国的大师。”根据吴岩在发布会透露的消息，作为培养卓越拔尖人才的施工方案“六卓越一拔尖 2.0”将在进一步征求意见后尽快下发。

“卓越计划”的核心内涵体现在三个方面：一是行业企业在培训过程中的深度参与；二是学校根据一般标准和行业标准培养人才；三是加强学生对实践能力和创新能力的培养。卓越人才计划是传统教育模式的重大改革，是国家人才战略的重要一步，必将在未来大学教育的发展中发挥重要作用。“卓越计划”包含本科生、硕士生和博士生。该计划为我国的社会发展提供多样的优秀技术储备人才，使国家战略得以顺利进行。“卓越计划”的实施，显然已成为当前教育改革的突破口，它为教育改革指出了崭新的方向。

1.1.2 卓越计划启动的背景

（1）经济全球化带来的挑战。经济全球化愈加普遍，国际间的竞争与合作愈加频繁，在经济全球化的大形势下，科技的进步与创新显得愈发重要。高等教育需要培养出更多具有实践能力和创新能力的国际性卓越人才，为国家的发展提供直接的智力支持和人才保障，从而促进国民经济发展。在经济全球化和教育国际化的今天，教育不仅要满足时代发展的需要，而且要积极引领时代潮流。高等教育改革需以培养高素质、国际化人才为首要目的，以适应现代经济发展的复杂性、综合性和不确定性。

以卓越工程师培养计划为例，新中国成立以来，特别是改革开放以来，我国的高等工程教育取得了巨大成就：一是培养了上千万的工程科技人才，有力地支撑了我国工业体系的形成与发展，支撑了我国改革开放以来 30 多年的经济高速增长，为我国的社会主义现代化建设做出了重要贡献。二是高等工程教育规模位居世界第一。三是形成了比较合理的高等工程教育结构和体系。工程教育经过多年发展已经具备良好基础，基本满足了社会对多种层次、多种类型工程技术人才的大量需求。党的十七大以来，党中央、国务院作出了走中国特色新型工业化道路、建设创新型国家、建设人才强国等一系列重大战略部署，这对高等工程教育改革发展提出了迫切要求。走中国特色新型工业化道路，迫切需要培养一大批能够适应和支撑产业发展的工程人才；建设创新型国家，提升我国工程科技队伍的创新能力，迫切需要培养一大批创新型工程人才；增强综合国力，应对经济全球化的挑战，迫切需要培养一大批具有国际竞争力的工程人才。

（2）我国高等教育的缺陷。近年来，虽然我国高等教育规模不断壮大，其体系和结构也更加完善，为社会的发展培养了大量的高等人才，但是由于我国传统教育重理论、轻实践，致使理论与实践相脱节，学生存在实践能力与创新能力薄弱的问题。为推进高等教育发展，满足社会与企业的需要，必须通过高等教育的改革探索出培养高等人才的新路径。高等教育要强化主动服务国家战略需求、主动服务行业企业需求的意识，确立以德为先、能力为重、全面发展的人才培养观念，创新高校与行业企业联合培养人才的机制，改革教育人才培养模式，提升学生的实践能力、创新能力和国际竞争力，构建布局合理、结构优化、类型多样、主动适应经济社会发展需要的、具有中国特色的社会主义现代高等教育体系，加快我国向工程教育强国迈进。

（3）新时期国家发展战略的提出。《国家中长期人才发展规划纲要（2010—2020 年）》（以下简称《纲要》）规定了我国未来十年教育改革的时间表、路线图。《纲要》提出了未来 10 年我国教育改革的战略目标："到 2020 年，学习型社会基本形成，教育现代化基本实现，实现从人力资源大国到人力资源强国的转变。"同年，《国家中长期教育改革和发展规划纲要（2010—2020 年）》提出走中国特色新型工业化道路，加强建设创新型国家，强化人力资源能力建设。为此，高等教育要在总结我国教育历史成就和借鉴国外成功经验的基础上，进一步解放思想，更新观念，深化改革，加快发展，明确我国教育改革发展的战略重点：一是要更加重视教育服务国家的发展战略；二是要更加重视与企业行业的密切合作；三是要更加重视学生综合素质和社会责任感的培养；四是要更加重视人才培养国际化。教育部会同人社部、财政部、国土资源部、环境保护部、交通部、中国工程院、中国地震局、中国气象局等多个部门和行业协会（学会）共同发起了"卓越计划"。

2010 年 6 月 23 日，教育部在天津大学召开"卓越工程师教育培养计划”启动会，联合有关部门和行业协（学）会，共同实施“卓越工程师教育培养计划”（以下简称“卓越计划”）。教育部党组副书记、副部长陈希出席会议并讲话。教育部党组成员、部长助理林蕙青主持会议。工信部、人社部、财政部等 22 个部门和单位的有关负责同志出席了会议，“卓越计划”专家委员会的部分院士、20 多家企业的代表和 60 多所高校的院校长参加了会议。

2010 年，教育部批准了 61 所“卓越工程师教育培养计划”试点高校，标志着中国高校“卓越人才培养计划”的开始。教育部随后启动了“卓越医师教育计划”“卓越法律人才培养计划”“卓越教师培训计划”等人才培养计划，其他的卓越人才培养计划也逐步在设计和启动。

1.1.3　卓越计划的特征

（1）校企合作新模式。通过对企业所需人才的了解，实施校企对接，鼓励学生积极参与到企业实践中，特制企业相关课程，使学生成为更为专业，甚至定向化人才，这也是实施“卓越计划”的关键。

（2）按双重标准培养人才。所谓双重标准就是学校在按照一般标准进行教育教学的同时，还要按照行业标准对学生进行培训。该培养标准的确立为完善教育教学体系、规范教育教学活动、实现培养“卓越人才”的目标打下了坚实的基础。

（3）注重综合素质的培养。具有职业道德、社会责任和人文素质是对“卓越人才”最基本的要求。将优秀的学生培养为“卓越人才”，需要在培养他们专业和创新能力的同时加强学生的伦理意识和社会责任，为国家和社会服务奠定基础。学术界一致认同的是，在培养“卓越人才”的过程中，综合素质教育对他们的思想高度和价值观的形成起到了重要作用。因此，要正确掌握综合素质教育的基本理论，充分发挥其在“卓越人才”培养中的重要性。

1.1.4 卓越计划的主要任务

“卓越计划”旨在带动高等教育改革，完善高等教育内容，探索其新的发展模式，从而形成符合我国国情的高等教育系统，为我们国家长远发展做储备。“卓越计划”的实施有五个主要目标。

（1）建立高校人才培养新机制。在校企合作的培训中，建立卓越人才培养新机制，确立培训目标、内容、制度和规范以及具体实施过程，并得出最终素质评价的结果。

（2）创新教育人才培养模式。强化学生们的实践与创新能力，理论与实践相结合，将所学知识综合运用并与企业实务相融合。

（3）建设高水平教育师资队伍。改革和完善专业教育工作者和企业兼职教师的单一聘任制，加强他们之间的交流与合作，形成高水平的“双师”教学队伍结构，使教育工作者的综合素质得以提升。

（4）提升高等教育人才的综合素质。随着全球化的深入，要进一步开放教育，完善教学内容，使高等教育更加现代化和国际化。为提高专业人才的综合素质，应继续加强“素质教育”。因为，“卓越人才”的卓越不仅体现在运用知识的专业素质上，更体现在思想道德素质上。

（5）制定卓越人才考核标准。通过专业的教育和专业资格的认证，逐渐完善“卓越人才”培养的通用标准、行业专业标准、学校专业标准，使其更接近国际先进水平。

1.1.5　卓越计划产生的影响

对于参加“卓越计划”试点的高校，该计划对其人才培养模式的改革具有重要作用。全国数十所实施“卓越计划”的高等院校在人才培养模式上取得了丰硕的成果，例如，同济大学把利用此次机会，将卓越计划开始推广到对全校学生的培养。试点专业为其他专业提供了专业建设和人才培养改革成功的成果，使其他专业从卓越人才培养经验中汲取经验。“卓越人才培养”已成为同济大学教学工作的核心，并要在“十三五”期间，以“卓越人才培养计划”为契机，让国际教育和实践教育发挥更大的作用，以此来推动教育的改革，提高学校的人才培养水平，提升各学科人才培养的质量。

华南理工大学通过“卓越计划”整体提升学校教学水平。“卓越计划”成为华南理工大学教育改革的实验窗口，各教学单位在实施该计划中对卓越工程师人才的培养方向和具体方法展开研究，并将其应用于该校各专业人才的培养机制中，对于学校人才成长、人才定位、人才培养的理论探索与实践应用起到了十分重要的作用。这个计划开始在普通班施行并同步推行于学院的其他专业，使整个学校的教学水平有了较大的提升，具体体现在课程体系、教学方法、学生评估考核方式等方面。该计划促使华南理工大学建成了一套完整的工程人才培养体系。随着该计划在华南理工大学的落实与推进，学校逐步总结出一套符合本校特色的工程人才培养模式，借鉴工科优秀人才的培养模式，对全校学生的培养模式改革创新，创造出一条培养目标前沿、人才高端、成长高效的卓越人才特色培育路径，将更多的工程创新元素融入人才培养过程中，伴随着实践性的工程课程，使学生的创新意识与能力有了很大的提高，从人才的录取到人才的培养，最后到人才出口的全过程保证了人才培养的质量。

上海工程技术大学在设计培养方案时，以“卓越计划”为前提，对上海工程技术大学学生的培养方案进行修订。在设计培养方案的过程中，该校考虑了各行业对人才需求的差别，并在企业的参与下共同修订了符合行业需求的人才培养方案。值得关注的是，此次修订在满足了学生对知识的系统性需求以及学生未来发展的情况下，适量降低了学校对理论教学学时的严格要求，提升对实践课程课时的要求。因此，修订后的培养方案强化了学生的工程素质、工程意识和工程创新能力，并且与企业联系更加紧密，满足了企业对人才的需求。

成都信息工程学院将“卓越”作为重中之重，主推工程教育改革，并且在此基础上执行专业一体化教育教学改革，从而推动各学科教育改革。

南京工程学院通过推行“卓越计划”使工程教育观念有所转化，对于现场工程师的标准更为明确。另外，工科专业也通过“卓越计划”制订了培养方案，积极进行改革，同时这一计划让校园与企业的关系更为密切，让学校与企业的合作有了突破性进展。

北京工业大学在制订学生的培养方案时，针对教学要求的实践环节、实习环节进行了较大修改，体现了学校对“卓越计划”的认同，很多专业都以“卓越计划”试点专业为参照修订了新的培养方案。

与此同时，“卓越计划”对教育部在2011年和2012年先后启动的“卓越医生教育培养计划”“卓越法律人才教育培养计划”“卓越农林人才教育培养计划”“卓越教师教育培养计划”“卓越新闻传媒人才教育培养计划”均具有较为重要的示范作用。华中科技大学通过“卓越计划”展开了本校高等工程教育改革的篇章，并通过实践指出“卓越计划”的教育理念在各专业都是相通的，具有极大的借鉴作用。因此，该校在实施“卓越计划”的基础上，就医科各专业也开展了各种专项教学改革工作，并于2012年度成功入围全国首批“卓越医生教育培养计划”。在“卓越计划”全面开展的影响下，北京理工大学法学专业也积极计划筹备，10多个法学教育实践基地应运而生，并于2012年获教育部批准成为“法学教育实践基地”，同时在2013年加入“卓越法律人才教育培养计划”。除此之外，在“卓越计划”教学改革模式成功案例的影响下，其他高校结合本校各专业自身理论实践改革的需要，也开启了全校范围的教育教学改革项目。例如，东华大学在管理学院和服装艺术设计学院分别开展了“卓越管理教育”和“卓越设计教育”的改革。以“卓越计划”的做法和成功经验为基础，推动了该校这两个专业在专业标准和人才培养方案的制订、课程建设、实践教学体系的构建等方面的教学改革。

“卓越计划”对我国整个高等教育的改革和发展产生了十分积极的影响。从“卓越计划”实施以来，非“卓越计划”参与高校也十分关注和重视该项计划的进展，并能自发地进行教育教学改革。

1.2　深化拓展“六卓越一拔尖”计划的具体内容

“六卓越一拔尖”计划中的“六卓越”是指卓越法律人才、卓越工程师、卓越农林人才、卓越新闻传播人才、卓越医生以及卓越教师的培养计划；“一拔尖”指的是基础学科拔尖学生培养试验计划。2017 年 5 月，教育部在北京召开工作座谈会，副部长林蕙青出席会议并讲话，此次座谈会主要学习贯彻习近平总书记在中国政法大学考察时发表的关于改进高校人才培养这一问题的重要讲话和精神。林蕙青指出：习近平总书记的重要精神是站在坚持和发展中国特色社会主义、实现中华民族伟大复兴中国梦的目标下，全面阐释了高等教育的客体、内容、方式、方法等一系列问题，通过对法治人才培养这一个性问题的深入分析，引出对新形势下高校人才培养的共性问题探讨，这对高校的人才培养工作起到了重大的指导意义。

林蕙青强调，相关人员一定要深入理解习近平总书记的文字内容和指导内涵，同时采取一系列应对举措，完善上述六大人才的发展方向和发展模式，养成和修复各类高素质人才。在培养过程中，第一，解决“为谁教”的问题。在以相关教育为基础的情况下，同时也要贯彻和巩固马克思主义的指导地位，让精神之泉贯穿在全体学生的理想和信念之中，加强不同专业特色的德育教育。第二，要解决人才教育的客体问题。全面巩固和提高大学在人才培养方面的核心地位以及本科教学的基础地位，使得教学工作稳中有进。第三，在教育内容上加强学科的教学体系建设，使得专业结构能够符合国民经济和社会发展需要。要做到匹配办学方向与学科的人才培养结构，深化课程体系和教学内容，改革课堂质量以及质量管理体系。第四，要解决教学方法问题。要结合自身专业的特点，将理论和实际结合起来，与行业企业形成有效的协同作用，优化校园教学资源。第五，在自身专业知识培养的基础之上，注重道德和法律的普及，培养高素质的综合性人才。

1.2.1　卓越工程师培养计划

（1）卓越工程师培养计划提出的背景。2010 年 6 月 23 日，为了提高工程人才的培养质量，教育部联合有关部门和行业协会，在 2010 年提出了“卓越工程师教育培养计划”教育。“卓越工程师培训计划”是实施《国家中长期教育改革和发展规划纲要（2010—2020 年）》《国家中长期人才发展规划（2010—2020 年）》“重大改革项目”的需要，促进我国工程教育从大国向强国迈进，通过培养兼具创新能力和经济社会发展需要的高质量工程和技术人员，为国家走新型工业化发展道路，建设创新型国家和人才强国战略服务，对促进高等教育面向社会需求培养人才，全面提升工程教育人才培养质量具有十分重要的示范和引导作用。

当前我国处于经济社会快速发展时期，创新是发展的核心动力，在经济发展的同时，兼顾科技含量、经济效益、资源消耗、环境污染和人力资源，为实现现代化建设和绿色发展铺平道路。为提升我国工业生产力水平在国际上的竞争力，就需要让企业进行技术创新，而技术创新关键就在于要有很多相关行业领域的人才，能够结合现代化知识和技术，将理论与实际相结合，既有理论的支撑，又有实践的经验。卓越工程人才的培养必须依靠高等教育，然而在高等教育队伍当中，一般创新较弱的大学和工程教育机构是无法满足这一需求的，只有工程研究型大学才能培养出相关的卓越人才。我国处在顶端的研究型大学，是国家创新体系的重要组成部分，这些高校具有高质量的教育资源和教育设施条件，可以为培养出卓越工程人才做出极大的贡献。

根据高等工程教育对人才培养的要求，要培养主动服务国家战略和行业企业需求的意识，在人才培养观念和人才培养机制方面要建立德、能、全面、创新的观念与机制。在此过程中，要强化与其他高校及企业的联系，同高校与企业联手打造出能够提高学生工程实践、创新能力的新型人才培养模式。为了加快走向工程教育强国的步伐，应该构建适应社会发展需要的、具有中国特色的、布局合理且类型多样的现代高等工程教育体系。

21 世纪以来，如何培养高层次工程师成为社会发展和工程教育的共同问题，为了满足我国高等教育改革发展需要，适应环境变化，培养适应经济社会发展的人才，我国高等工程教育改革正面临着巨大的挑战。在此背景下，中国要想满足上述需求，必须开发新的创新型人才培养模式，在国家建设、技术、教育方面应当开放创新思想。美国、前苏联、德国等国家拥有许多先进的工程教育改革的经验，我国应在这些先进经验的基础上，总结出符合中国特色的人才培养模式。因此，“卓越计划”的实施与发展，既需要工程教育方面的参与，也需要科学教育与企业共同的参与，只有这样，才能够振兴中华民族的伟大事业。

教育强国的建设需要以素质教育发展为核心，坚持以人为本，坚持素质教育。要提高人才培养的质量，必须抛弃原来落伍的、陈旧的教学理念，以提升学生的实践能力为基础，在保证人才质量的同时提高学生的科学研究水平和社会服务能力，以此来推动改革和创新，深化教育教学改革，优化专业结构。与此同时，应该确保教学活动的开展，来引导不同级别的学校办出有特色的、一流的教育活动，培养出一批符合社会需求的高质量工程人才。

“卓越工程师培养计划”的提出，为建设创新型国家、建设人力资源强国的战略部署、落实国家中长期教育改革和发展规划作出巨大贡献，这对综合素质人才的培养起到很大的激励推动作用。

（2）卓越工程师的内涵。虽然学术界没有“卓越工程师”的标准定义，但是教育部对此提出了较为明确的要求。工程师主要是指经过高等学校培养后能够达到工程师必备的基本能力，并获得工程师执业文凭的工程技术人才。“卓越”是一种态度和精神，它更多地强调了发展质量，以及综合素质方面的更高要求。综上所述，“卓越工程师”是指经过高等教育培养，从而具有必备基本能力、获得工程师执业资质并且兼具高素质、强创新力以及深厚人文情怀的工程技术后备人才。该计划在吸取了国外先进教育成功经验的前提下，结合中国实际国情，探索出能够提高学生专业技能水平、职业道德修养、社会责任感以及人文情怀的高素质工程后备人才。

（3）卓越工程师的能力要求。

第一，遵守职业道德与发展专业能力齐头并进。在社会化大生产的背景下，工程活动广泛涉及综合人文、自然、社会和精神等方面的各种问题，同时展现出明显趋利的特点，这种利益冲突总是与相关的工程结合在一起。工程师应既在专业层面解决利益相关者之间的利益冲突，同时在道德上也要规范自己的行为活动，对社会公众的健康、安全和福利承担责任。想要培养优秀的工程师，不仅要他们具备专业技术能力和工程技术应用能力，还要通过从事各种相关活动，形成职业道德，并能够识别出具有利益冲突，道德与功利矛盾的行为的能力。

第二，通过自己的渠道获取知识并实现学习的可持续性。在信息技术爆炸的当下，线上线下均可以有效获得各种知识，所以在对本科学生的教学过程中，一定要重点培养学习能力和获取知识的能力，“授人以鱼，不如授之以渔”，在此基础上实现学习本专业知识的情况下同时能够主动获取相关的外专业知识，通过学科的交叉性以及知识的不断更新实现自身的飞跃，为可持续发展奠定基础。

第三，能够对信息进行科学的判断和分析。现代工程实践活动要求工程师要能够把握外部宏观环境的变化，熟练掌握国内外政治、经济、科技、生产、能源、环境等信息，并在熟悉文献情报检索技术的基础上，分析信息的有效性和相关性并加以利用。在独立分析信息的基础上，应用理论知识进行推导，使得理论与实践能够有机结合在一起，通过理论指导实践，使活动有序高效地开展。

第四，能够进行工程综合设计与实施。综合设计能力是指在设计一项工程或一种产品的过程中，当遇到诸多影响因素时，能够综合分析各种因素的影响方式、影响方向和影响程度，得出应对策略的综合性能力。工程与科学的区别就在于工程具有实践性，而科学更多强调的是理论意义上的指导，将理论与实践相结合就是工程活动的精髓所在。

第五，学会交往、沟通与社会协调。如上述所提到的工程实践活动必然会涉及很多与本学科有交叉的其他相关学科的知识，并且要不断与各个部门进行协调沟通，实现多部门的协同作用，所以不论是人文科学还是自然科学，学会与人共事、具有团队协作精神是非常必要的一项软实力。

第六，养成创新创造的能力。工程活动离不开创新，创新创造能力是工程活动的核心所在，其本质是将科学技术转化为生产力，这一过程本身就是创新的体现，这使得工程富有了生命力。所以，创新意识和创新能力的培养训练是至关重要的。

1.2.2 卓越医师培养计划

（1）卓越医师提出的背景。作为《国家中长期教育改革和发展规划纲要（2010—2020 年）》中“卓越计划”的重要组成部分，卓越医师教育培养计划的关键是对培养医学人才的体制进行改进，要求从人才培养的观念、人才培养的模式、课程体系的建设、教学内容更新和教学方法改革等方面创新人才培养的体制，使医学专业人才适应我国经济社会发展的需要，并达到国际一流的水平。

随着医学的国际化、全球化，医学教育的第三次改革已经到来。1910 年在卡耐基教育促进基金会的帮助下，评估调查了北美（美国和加拿大）的医学院，历史上著名的医学调查报告由此发布。该报告使医学教育更加规范，推动了北美地区医学教育的发展与改革，对于现代医学教育的发展具有里程碑的意义。医学教育全球独立委员会在其题为《面向新世纪的卫生人才的报告》中提出了两次改革，即以学科为基础的大学教育和以问题为导向的综合教育，步入“转型学习”，将其作为第三代医学教育改革浪潮的象征。高校的深化改革正处于进行时，在现代大学制度的引导下，医学院校应建立卓越的人才观，着眼于人文、实践、专业素质的培养，缜密地构建卓越医师教育培养体系。同时，应使我们的医学人才国际化，加快将学生培养成卓越医师的步伐。

中国正在对其高等教育的本质及过程进行思考。2010 年卓越医师教育培养计划由《国家中长期教育改革和发展规划纲要》提出，2012 年教育部和卫生部先后以教高〔2012〕6 号和 7 号文件的形式出台了实施临床医学教育综合改革和实施卓越医生教育培养计划的意见，提出要根据我国的国情，借鉴国外先进经验，对教育体制和机制进行改革，使我们的医学人才具有较高水平。

（2）卓越医生的内涵。“卓越医生”这一名词随着“卓越医生教育培养计划”的提出被教育工作者所了解，但卓越医生的内涵并未在“卓越计划”中明确给出，简单地说，卓越为更加优异，超出一般与平庸。高超的专业技术水平、健全的人格、健康的身体，以一颗关怀仁爱之心对待病患，做到有效沟通，促进团队合作，保持良好的医疗环境，促进医疗健康发展，这些都是其应有的能力。

“卓越”与“优秀”不同，“卓越”需要医生在精神、能力和状态方面表现出色，除此之外，还要善于经营。另外，卓越也具有动态的特质，它包括一种不断追求、向上的动力，具有终身学习的思想，在专业技术精湛的同时，还要提升人文素质；在知识水平和认知程度的基础上，提高医疗实践和创新能力。最后，社会责任感和仁爱之心是一名卓越医生应具备的。

（3）卓越医生的核心特征。卓越医生应该具有四个特征，每个特征包括生长性维度和发展性维度，具体如下：第一，具有科学的素质、深厚的专业知识、严谨的思维模式和创新精神。第二，身体素质、心理素质、身心健康，性格健全。第三，具有医学人文素质、深厚的医学人文背景、博爱之心、兴趣广泛。第四，具备专业素质、优秀的专业技能、合作精神和沟通协调能力。

1.2.3 卓越教师培养计划

（1）卓越教师产生的背景。2014 年，教育部《关于实施卓越教师培养计划的意见》（以下简称《意见》）指出：“近年来，不断完善了教师教育体系，推进了教师教育改革，增强了教师培训质量和水平，但仍存在教师对于培训的适应性和针对性不强、教学内容和教学方法相对比较陈旧、教育质量差以及教育师资薄弱等突出问题，其中提高教师培训质量是最核心和最紧迫的任务。”经过教育部的深入调研，为促进教师教育全方位改革，全面提升教师培养质量，制定了《意见》。

教师教育是教育事业的基础，高水准的教师队伍取决于高质量的教师教育。近些年，我国教师教育办学层次逐步提高，教育体系日渐完备，大量的合格教师由此产生。当前，由于社会经济的发展，也需要教师由量到质的飞跃。

由于城镇化进程的加快，大量农村学生跟随父母到城里学习，农村学校撤点并校，农村学校教师短缺是常见的问题。随着农村学校学生数量的下降，教师编制也随之减少，按照师生配比的规定，使各科专任教师达到相应数量具有一定困难，从而影响到农村学校的教学质量。当前，很多农村学校的教师要进行多个学科的教学，充当了“全科教师”的角色，以此来解决教师不充足的问题。然而，由于没有经过专业的培训，这些“全科教师”在教学中往往是力不从心的。

2014 年 12 月，根据《意见》及相关项目申报遴选要求，通过高校申报、省级教育行政部门推荐、专家会议选择、网上公示等方式，涉及全国 62 所高校的首批 80 个“卓越教师培养计划改革项目”正式启动，这 80 个改革项目包括中学、小学、幼儿、职业和特殊教育。2014 年 9 月 9 日，习近平总书记与北京师范大学师生代表讨论时提出：“要加强教师教育体系的建设，加强对师范院校的支持，找准教师教育中存在主要问题，寻求突破。”习主席的话指出了教师教育改革的方向。为贯彻落实总书记讲话精神，教育部正式启动“卓越教师培养计划改革项目”。

（2）卓越教师的角色内涵。教师队伍中出色的优秀教师被称为卓越教师。具体到角色内涵，学者们则有不同的观点。一些学者将其定义为具有高尚品格的教育者，可以实践现代的教学技巧。一些学者认为，卓越教师是一名学科实践专家，不断地对结构化专业学科进行有意识的思考和反思。简言之，卓越教师同时具有丰富的学科本体性知识、实践性知识和条件性知识，其总能最大化地利用成长机会，使自己的能力得到极致的发挥，使自身的教学艺术高超、教学风格独特、文化底蕴深厚，获得家长、同行以及领导赏识。对于卓越教师，在具备良好的品质的同时要善于人际关系处理，做到学生接纳、家长放心、同行佩服、领导认可以及社会敬重。

(3) 卓越教师的核心特征。第一，“卓越教师”应有超凡的人格魅力。具有教育理想、信念和使命感，以教育为事业，热爱教学，工作积极。第二，能够合理利用和组织学校、社区、家庭教育资源。第三，卓越教师了解学科及教学知识，能够从学生本身出发，而不是从学科出发，在关心、尊重的基础上来管理、监督学生。第四，面对复杂的课堂环境，能够进行组织、协调和应对。

1.2.4 卓越法律人才培养计划

(1) 卓越法律人才提出的背景。卓越法律人才教育培养计划是中共中央政法委员会、中华人民共和国教育部联合实施的国家战略计划。项目旨在全面落实“依法治国”基本方略，贯彻落实胡锦涛总书记清华大学百年校庆重要讲话精神和教育规划纲要，深化中国法学高等教育教学改革，以提高中国司法人才培养质量。该计划现已全面启动。

近年来，中国高等法学教育快速发展，体系不断完善，培养了一大批优秀法律人才，为中国经济社会发展特别是社会主义民主法治建设做出了不可替代的重要贡献，但中国高等法学教育还不能完全适应社会主义法治国家建设的需要，社会主义法治理念教育还不够深入，培养模式相对单一，培养体系还不够完善，学生实践能力总体不强，应用型、复合型法律职业人才培养不足。

提高法律人才培养质量成为中国高等法学教育改革发展最核心最紧迫的任务。

为了全面落实依法治国基本方略，深化高等法学教育教学改革，提高法律人才培养质量，教育部、中央政法委决定联合实施卓越法律人才教育培养计划。

2012 年 3 月 16 日，教育部颁布了《关于全面提高高等教育质量的若干意见》，并指出我国高等法学教育不能完全满足建设需要，法治下的社会主义国家，社会主义法治理念教育并不好，训练模式相对单一，学生实践能力不强，实用、综合法律专业人才培养短缺，提高法律人才培养质量已成为教育改革和发展中最紧迫的任务。其主要原因是：培训规模和社会对法律人才的要求难以适应；法律人才层次结构不合理，严重的投资不足；理念落后，人才培养的类型单一；“以本为本”，高等法学教育的起点太低。

2012 年 8 月，完成首批卓越法律人才培养基地规划，包括 60 个应用型、法律专业人才培养基地，22 个国际法律人才教育培训基地，12 个基层法律人才培养基地。实施该计划是为了培养更多的法律人才，提高我国法律人才培养质量。这对全面实施法治至关重要。

（2）卓越法律人才的内涵。我们把能够掌握国内、国际或地区性法律规则，能对国内外纠纷有效处理的专门法律人才称为卓越法律人才。卓越法律人才之所以“卓越”，是因其至少具备以下三个特点。第一，在专业领域拥有广泛的基础知识，在处理相关业务方面有较强的效率。除了要精通民事、刑事等传统业务，还要具备处理环境污染、可持续发展、国际关系等领域业务的能力。第二，可以参与国家利益和人类共同利益的制定、表达和维护。第三，在处理国内外法律事务时，能够传达中国的利益，维护社会的基本价值，巩固社会共识。

（3）卓越法律人才的必备素养。优良的职业道德素质和价值理念是卓越法律人才所应具备的。“法学教育要培养学生强烈的正义感和人文关怀的理念，要进行严格的道德自律。只有形成良好的职业道德体系，才能保证我们所学到的东西有用武之地。”

深厚的法律知识是卓越法律人才的必备条件。第一，卓越法律人才需要系统掌握法学基本概念、原理、体系等基础理论知识对法律属性、结构、存在状态、相互关系、规则等进行深入的了解。法律专业学生从事法律职业的前提是具有扎实的法律专业知识体系。第二，优秀的法律人才应具有严谨的思维、推理、论证能力和独特的法律思维，并遵循法律的逻辑去发现、理解、分析和解决社会问题。第三，优秀的法律人才应该具有广阔的学术视野。第四，优秀的法律人才应具备一定的国际视野和涉外法律的基本能力，如能熟练掌握外语的法律工作能力，深入掌握和运用国际法或涉外法律知识能力，全面了解与分析国际形势能力。

法律具有较强的实践性，因此较强的法律实践技能是卓越法律人才必须具备的能力之一。卓越法律人才应当具有以下基本的专业实践技能：沟通、协商的能力；谈判、妥协的能力；辩论的技巧和方法；制作法律文书的能力；获取、掌握和应用信息的能力；制定规则的能力；起草合同的技能；审核、鉴别和有效运用证据的能力等。

1.2.5 卓越农林人才培养计划

（1）卓越农林人才产生的背景。为执行党的十八大以及十八届三中全会精神，同时依据《国家中长期教育改革和发展规划纲要（2010—2020 年）》以及《教育部 农业部 国家林业局关于推进高等农林教育综合改革的若干意见》，为推进高等农林教育综合改革，“卓越农林人才教育培养计划”得以提出。

2014年9月22日，关于批准第一批卓越农林人才教育培养计划改革试点项目通知由教育部、农业部、国家林业局发布。该通知明确计划项目试点由99所高校组成，改革试点项目由43项拔尖创新型、70项复合应用型以及27项实用技能型农林人才培养模式改革试点构成，共计140项。

（2）卓越农林人才的指导思想。卓越农林人才本着以科学发展观为指导思想，以“三农”服务为改革方向，同时坚持以“改革创新、突出特色、强化实践、分类指导、统筹推进”为基本原则，按照“以人为本，德育为先，能力为重，全面发展”的总体要求，推动以及不断深化教学改革，在一定程度上提高生态文明水平，同时为促进农业现代化，加快社会主义新农村建设提供相应的人才、科技、智力的支持。

（3）卓越农林人才能力框架。

①知识能力。知识能力是卓越农林人才能力构成的基础部分。知识经济的时代，对知识能力的要求不再局限于自身知识掌握程度，而是要把知识融会贯通在一起，并且有不断推陈出新的能力。卓越的农林人才应掌握必要的基础学科知识、扎实的专业技术知识、广泛的相关学科知识和人文社会科学知识。农业是一个完整复杂的系统，“三农”问题具有综合性、复杂性、多样性的特点，它的解决可能跨越多个相关的专业领域，也可能涉及社会、资源、环境、法律等多个领域，因此，卓越农林人才必须具备专业较扎实、应用性较强、知识面较宽的特点，培养人才的理性思维和宽阔的视野，使学生成为既有较高科研水平，又有较高文化素养的全面发展的人才。

②创新能力。创新能力是卓越农林人才能力构成的核心部

分，创新能力是在创新精神和创新思维的基础上产生的，它是可以通过教育、培训、实践等活动的启发而不断提升的一种能力。卓越的农林人才就是应该具备吸纳新知识、搜集处理新信息的能力，整合新鲜内容、提出新的理论见解、开拓新的知识领域，把创新贯穿于整个农业发展中，形成新的理论、新的思路、新的技术的高精尖创新人才，这种能力的培养就需要不受常规思路的约束，寻求探究问题的全新性、独特性，灵活地运用各种手段解决实际问题，在科学技术水平日新月异，生产方式及技术手段层出不穷，农业问题日渐复杂多变的今天，培养出有创新能力的人才来适应当今经济时代飞速发展的未来。

③协作能力。协作能力是卓越农林人才能力构成的关键部分。经济全球化使得竞争日益激烈，在激烈的竞争中，需要的是具有大局意识、协作精神、服务精神和奉献精神的人才，社会发展的进步，不是个体行为，也不提倡孤芳自赏，而是需要强大的亲和力和凝聚力、精诚团结、协同合作的群体，这样才能使得个人的聪明才智发挥到极点。卓越的农林人才要学会相互信任，学会在公平竞争中相互合作、取长补短，学会在生活中相互照应、和谐相处，学会分享共同的价值观、谋求共同的发展、分享共同的资源，协同攻关，集思广益。

④综合能力。综合能力要求卓越农林人才顺应部分现代农业的发展趋势，使其不仅与自然资源、环境保护等学科联系在一起，而且与经济发展、社会发展、乡镇文化建设等问题密切联系在一起，成为一个庞大的系统工程，这就要求卓越的农林人才知识面较宽、基础较扎实，既能精通农业技术，又能正确处理社会政治、经济、文化等方方面面因素对农业的影响，具有综合处理农业问题的能力和素质。实践证明，凡是卓越的人才，都具有较强的综合处理问题的能力，都是科学素养与人文素养并重发展的

结果。

（4）卓越农林人才的试点类别。

①创新型农林人才培养模式改革试点。第一，进行教学科研人才培养的试点工作，不断对招生方式进行改革，以便选拔优秀学员。第二，关于人才培养模式的改革，与本科教育有效衔接，以导师制为中心，以小班化为探索方向，实施国际化与个性化相结合的教学模式。第三，对教学组织方式进行改革，以凸显适应性教学。与此同时，在积极探索研究性教学方法的基础上对教学方法进行改进，以培养学生创新思维能力为目标，增加优秀学员的数量与质量，以国家科研开发平台为基础，训练学生的科研能力，鼓励学生参加相关的创新活动，以提高其科技素质与科研能力。第四，引进国外优秀的教育资源，提升双语教学的能力，鼓励学生进行国际交流，扩展学生视野，在此基础上提升学生参加国际农林科技交流与合作的能力。在改革的同时，建立相关的创新型农林人才培养的质量评价体系也是推动改革的有效途径之一。

②复合型农林人才培养模式改革试点。第一，优化人才培养计划，建立相关的培养体系是符合农业现代化与社会主义新农村建设的主要表现形式，利用近些年生物与信息领域的成果对农林业专业教学进行改进，以改革实践教学内容、教学环节为中心，旨在提升学生的综合实践能力。第二，不断优化完善教师队伍结构，以“双师型”为目标，聘用约 1000 名“双师型”教师，与相关院校、科研机构、企业等合作共同探索开发人才的新途径。第三，大力鼓励学生参加与农林相关的科技活动，同时加强学生的创业教育，不断提升学生解决问题的能力，并建立相关人才培养质量评估体系。

③实用技术型农林人才培养模式改革试点。首先，为吸引热

爱农林专业的优秀学生，需要不断改进招生方式，积极开展免费教育。其次，为满足实践技能的需要，培养实训技能人才，须改革教学内容和相关课程体系，建设实践技能培训基地。最后，为提高学生技术开发与服务能力，须以农林生产规律为基础，探索“走高层回学校”的教学方法，在改革过程中建立技能型农林人才培养的质量评价体系。

1.2.6 卓越新闻人才培养计划

（1）卓越新闻人才的产生背景。教育部、中宣部 2013 年 6 月出台《关于加强高校新闻传播院系师资队伍建设实施卓越新闻传播人才教育培养计划的意见》，即卓越新闻传播人才教育培养计划。概括其中心思想，即培养学生的全媒体业务技能，增强学生的实践能力，提倡在接下来的 5 年里，将 500 名新闻工作者引入大学的新闻和传播专业，引导 500 名大学教师在媒体上兼职。同时，改革招生方式、培训方法、课程设置和学术制度，通过实施优秀的新闻人才培养方案，建立优质的师资队伍，创新人才培养模式，深化马克思主义新闻观教育。

（2）卓越新闻人才培养计划的主要任务。

①建立应用型与复合型新闻传播人才培养基地。以 30 所高校为主要基地，培养适应当前新闻发展需要的人才，同时建立国际新闻传播人才培养基地，以 10 所高校为主要基地，培养的国际传媒人才需要具有国际视野与交际能力，上述高校应以马克思主义新闻观为主要思想，不断进行职业道德教育，同时注重跨学科的衔接，应用现代技术制订科学的培养方案。

②实施在校人员与新闻单位人员互聘制度。为推动新闻教学与实践的完美结合，开展“千人计划”活动，依据互聘情况和教育部以及中宣部公布年度互聘结果，颁发《高校与新闻单位

从业人员互聘“千人计划”入选证书》。在聘期内的员工应保持级别、职位、工资、福利待遇，并持续计算专业技术服务年限，相互抵消工作量，同时派遣单位将对职级晋升和职称评定给予优惠政策。

③创新人才培养模式改革。不断探索各大高校与宣传部门、新闻单位联合培养新闻传播人才的新模式，从目标的制定、课程的设计、教学团队的组织以及实践平台的建立方面进行改革，鼓励高校与境外高水平学校进行交流合作，同时利用境外资源进行教学，形成灵活多样、以我为主、优势互补的人才培养模式。

④共建共享优质教学资源，建立新闻传播的优质资源共享平台，提供优质资源课程，推广使用以马克思主义理论为指导思想的新闻传播学类的重点教材。同时，共同组织计划实施高校与新闻单位联合编写一批反映中国特色社会主义新闻传播实践的案例教材。

（3）卓越新闻人才的能力素质要求。从专业能力上看，卓越新闻人才的教育培养应在下大力气稳固和强化新闻基本功的基础上，重点提升关于融合报道、信息再生产、数据生成新闻以及传媒经营管理等能力。融合报道能力是融合新闻业之新闻生产流程和传播流程再造对跨界人才需求的结果，其核心是能在多个平台上使用不同技巧讲述同一新闻事件，具体包括多媒体叙事能力、跨媒体工作能力、整合传播策划能力等。信息再生产能力是指对所获取的信息进行再创造、再表达的能力。在网络时代，筛选有效信息，整合碎片信息，并洞明它们之间的相互关系和内在意义，从而生产出有内容、有见地的新闻，是其工作者必备的能力要求。数据生成新闻能力是运用数据进行新闻报道的能力，主要包括数据提取、数据分析处理、数据可视化呈现等方面。对传媒经营管理能力的强调是新闻事业产业化的必然要求。以我国传媒业来看，目前最缺的是传媒经营管理人才，包括商业管理和专业管理相结合的人才、商业管理人才、专业管理人才。

从关键能力上看，卓越新闻传播人才应具备继续学习、批判性思维和沟通合作等能力。这些能力虽然与纯粹的专业知识和技能没有多少关联性，但往往又能说明一个人的社会适应性和可持续发展。

继续学习、终身学习是卓越人才的共性特征和追求，对新闻工作者来说显得尤为必要，因为他们所面对的始终是不断变化的世界政治、经济和文化，以及日新月异的信息传播技术和新闻生产方式。批判性思维是一种基于理性反思乃至“否思”的思维技能，其核心是分析力、辨识力和判断力。是否具有批判性思维能力是衡量新闻人才卓越与否的重要指标。此外，在跨媒体融合报道情境下，尤其是在团队跨媒体的整合行动中，良好的交流表达、组织管理、关系协调、团结共事等沟通合作能力显得至关重要。

新闻传播作为应用型文科专业，强化学生的综合应用能力对提高人才培养质量意义非凡。一是公共传播与社会对话能力。移动互联网的兴起，加快了“媒介化社会”到来的步伐。这意味着高校的人才培养面更宽了，既可以为新闻机构培养新闻人才，又可以为企业、政府、学校、医院、社会团体等各行各业培养公共传播人才。由此，公共对话的促进者而不只是专家信息的传播者成为学生能力培养的新主张。二是国际报道与跨文化传播能力。这是顺应经济全球化时代发展，面向世界培养卓越新闻人才的要求。当前，国际报道应着重解决好对外传播的有效性问题，即真正让中国故事、中国声音走向世界，让世界悦纳中国。其中的能力要求包括“中国梦”的叙事能力、融入国际话语体系的能力、国家形象建构与传播的能力、国际交流合作与对话的能力等。三是创新创业能力。这是“大众创新，万众创业”的当今时代对青年人提出的又一能力要求，高校应在学生创新创业观念和意识的增强、创新创业思维和技能的训练以及创新创业精神打造等方面下功夫。

新闻传播专业行业特点，决定了其卓越人才培养应侧重强调的素质包括：①政治理论素质。新闻传播是一项政治性很强的工作，高校应坚持通过马克思主义新闻观培养学生的政治理论素质。马克思主义新闻观教育，要以鲜活的材料和生动的方式向学生讲清楚马克思主义的立场、观点、方法，讲清楚新闻与政治的关系、讲清楚中国共产党的新闻思想、讲清楚中国国情（我国新闻传播的实际环境和制度基础）、讲清楚全球传播与文化自信等命题。②科学人文素质。以科学的态度求真，以人文的品格致善、育美，作为新闻传播之道和最可贵的价值追求，有赖于其工作者具备良好的科学和人文素质。高校新闻传播院系的卓越人才培养，应致力于学生科学素质与人文素质的有机融合，在科学与人文知识学习、科学与人文思想培育、科学与人文方法训练、科学与人文精神养成等方面着力。③工作作风素质。怀有高尚的职业操守和专业追求，具有强烈的社会责任意识和担当精神，是作风素质过硬的体现。高校应结合新闻传播法规伦理等课程及专业见习实习活动，不断对学生进行专业精神与行业规范教育，引导学生体察和认识本专业的特殊规约。④社会活动素质。新闻人才要想走向卓越，专业、洞见和良好品行是必需的，而走出书斋，活跃于社会，与百姓同乐，跟工作对象结缘，亦为重要。

1.2.7　卓越基础学科拔尖人才培养

（1）卓越基础学科拔尖人才培养的产生背景。“基础学科拔尖学生培养试验计划”是国家推出的一项人才培养计划，也称为“珠峰计划”，该计划是对“钱学森之问”的应对之举，培养我国本土的学术大师是该计划的宗旨。教育部、中组部以及财政部从2009年开始实施此计划。

（2）卓越基础学科拔尖人才培养的政策改革。在选拔学生方面，要把学生的综合能力、兴趣爱好及其潜力作为关注的重点，选拔出最优质的学生群体，让学生们选择自己感兴趣的专业，实施动态统筹机制。

在教师选择方面，学生们的导师和授课老师应由水平较高的教授专家来担任，并将海外知名学者请到国内，向学生传授更多更先进的知识。

在培养模式方面，以个性化作为培养关键，重视因材施教，对教学的理念、模式、内容和方法进行积极的改革，给予学生充裕的时间和空间进行自主学习与探索，培养学生在科研方面的爱好，提升学生的科研能力，教育学生志存高远的同时保持平稳的心态与良好的品行，为将来成为一流的学者和科学家打下坚实的基础。

在营造氛围方面，为刺激学生们对未知事物进行探索与创新的欲望，聘请全球知名的学者来我国访问，经常组织学生参加高水平的学术报告活动，引导学生在浓厚的学术氛围中进行交流。

在创新制度方面，实施导师管理与班级管理相结合的管理机制，对课程的制定应灵活多变，课程可以设置选修、免修、缓修等多种形式。

在政策支持方面，应向学生们开放国家重点实验室、学校实验室以及国家试验教学中心等，为学生们提供经费、条件、空间等方面的支持，促进学生积极参与到更多的创新活动去。

在国际合作方面，促进学生到国外知名大学进行学习和交流，可以采用假期联合培养、短期考察的方式，鼓励学生利用在国外学习交流时积极开展科研工作，便于学生在较短的时间内快速融入国际知名科学家的学科领域交流中去。

（3）卓越基础学科拔尖人才的能力素质要求。

①更强调学生自主学习能力的培养，如果其他专业学生的学习方式多是以课堂老师讲授为主，那么拔尖学生则应强调课堂讲授与课下自学相结合，在培养方案中，必须突出强化学生自学能力的目标，要求学生自我阅读基础学科教材和参考书，将在自学过程中遇到的问题进行讨论，最大可能地减少直接讲授，自学能力的培养表现在培养方案中就是课内学时减少，当培养要求提高，课内学时减少，学生就会去课下自主、自觉、自愿地学习。同时，对拔尖学生的培养应该采用讲一学二考三的方法，即老师讲授的内容只占1/3，其余的部分要求学生自学，考试只是对学生学习成果的检验，可以将课内与课外结合起来测试，如果老师没有讲过的内容学生也能掌握并能灵活应用，说明其自我学习能力较强。

②更强调学生的个性化发展，传统的教育采取统一的管理模式，大家齐步走，而拔尖人才培养注重开发学生潜质，发展学生个性，将众人眼中的不可能变为少数人的可能与特长。根据学生喜好有针对性地确定其研究方向，因而在拔尖人才培养方案上可以按个人需求订制方案，也可以灵活修改和调整方案。培养方案中针对学生个性的不同，应该有理论课与实践课、校内学习与校外实习、国内培养与海外经历等方面的不同要求，培养方案不一样，所学课程的数量和内容自然也不一样，老师教时能真正做到因人而异、因材施教。如果学生有兴趣，还可以辅修双学位甚至三学位，学生的学制设置可以脱离统一的四年制，允许学生根据学习的实际进度进行调整，或与研究生培养阶段衔接，这是实质上的精英教育。

③更强调知识体系构建的科学合理性。知识体系的科学合理性反映在课程结构上主要表现为两方面：课程设置和必修课、选修课的开设比例。高校本科人才培养方案的课程结构可以大致体现出对学生知识体系的要求，许多高校本科培养方案都设置有公共基础课、专业基础课和专业方向课三大类课程，对应的分别是社会生活所需要的公共基础知识、为某一具体工作或研究领域打基础的专业知识和具有重点发展倾向的专业知识，也有部分高校以通识课、专业课来对课程进行区分。目前，许多高校必修课多，选修课过少，给予学生的选择机会小，不利于学生专业基础上的全面发展，而从拔尖人才培养来说，应尊重学生的个性爱好，满足学生自我发展的要求，适当减少必修课，增加选修课比例，或者将选修课设置为“自选超市”，让学生按自己的兴趣选择课程。这样，学生既可以在某个方向深入下去，也可以朝几个学科交叉的方向发展，既能拓展视野，又能培养多角度思考问题的能力。在外语类课程培养目标上，拔尖人才的外语能力培养不应该靠增加外语课程学分的方式来实现，而应该通过开设全英文课程或双语课程，由外籍教师授专业课等办法，提高学生外语表达能力和专业外语素养。

会计人才培养研究综述

2.1　国外会计人才培养研究现状

2.1.1　国际各大会计师协会会计人才培养的研究

美国注册会计师协会（AICPA）于 20 世纪 60 年代探索了会计人才的能力要素，并于 1967 年对其进行了完善，发表了《职业知识框架》，从此开始了对会计人才能力要素的研究。美国的注册会计师协会于 1968 年发布了《会计职业的院校教育准备》，并对此进行了两次更新，使得美国的会计教育受到深刻的影响。此后，美国会计学会（AAA）于 1986 年出版了《未来的会计教育：为日益扩展的职业做准备》，表示众多高校的会计教育应逐渐以培养学生的职业技能为主要任务。受此影响，1989 年，当年的“八大”对此进行了研究，共同出版了《教育的视野：会计职业成功的能力》，其中详细说明了注册会计师应该掌握的职业能力以及应该学习的知识框架，同时助力会计教育事业，资助了会计教育改革委员会（AECC）的成立。1998 年，美国注册会计师协会通过仔细剖析，在《新财务职业的能力模式》中对会计职业能力的概框进行了描述。1999 年，美国注册会计师协会在《进入会计职业的核心胜任能力框架》中指出，会计职业胜任能力的框架应该以个人胜任能力、职业胜任能力以及企业经营理念三部分为核心，会计专业的学生应该具备基本的分析、解决问题的能力，懂得如何团结协作以及终生学习会计的能力等。同年，为顺应时代的发展，管理会计师协会（IMA）指出会计从业人员应该培养各项综合能力，其中包括计算机处理以及网络的应用能力、科学技术的应用能力、操作软件以及管理软件的能力、表达能力以及沟通能力等综合方面的素质。美国的注册会计师协会、各大会计师事务所、会计学会等机构的有关研究在一定程度上推动了会计教育改革，使得会计教育不再只注重知识的传授，而是将培养学生的职业技能也列为教学中的重点。

20 世纪八九十年代，英国、新西兰、澳大利亚、加拿大、南非等国家的注册会计师组织纷纷开始研究会计胜任能力的框架，并根据各自的研究发表了相应的报告。国际会计师联合会（IFAC）于 20 世纪 90 年代中期开始发布相应的文件，重新分类标明会计人才职业能力应包含的内涵，划分为知识要素、技能要素以及职业价值观三类内容，并纠正会计教育的宗旨，提倡高校重点培养会计学生的应变能力和继续学习能力。

澳大利亚和新西兰两个国家的行业协会于 1992 年联合制定出会计师胜任能力的标准，将职业会计师的工作分为几个不同的领域，其中包括审计、外部披露、破产重组、管理会计、税收以及理财六个方面，在这六个单元中每个方面又包括不同的单元任务。

1999年，联合国国际会计以及报告标准政府专家组共同出版了《职业会计师资格要求指南》，并以1996年国际会计师联合会（IFAC）公布的第9号国际教育指南为原始框架，向各个国家推荐关于会计职业知识教育应该包括的主要内容。

加拿大注册会计师协会（CGA）于2000年出版《加拿大注册会计师能力框架》，其中对各项领域会计师需具备的能力进行了描述。随后，加拿大特许会计师协会（CICA）于2001年公布了《特许会计师能力图》，其中明确列示了会计师应具备的基本素质、专业胜任力以及知识储备的要求。

为了使全球执业会计师教育的内容趋同，2003年10月，国际会计师联合会教育委员会公布了国际教育准则1—6号，规范了教育计划下的准入“门槛”、教育计划的具体内容、专业职业技能、职业价值、职业道德等相关方面的内容，该准则计划于2005年开始实施。国际会计师联合会教育委员会于2004年5月公布了第7号准则，计划在2006年初实施《职业后续教育：终身学习和职业胜任能力后续发展计划》。这些准则从智力技能、技术和功能技能、个人技能、交流和沟通技能、组织和商业管理技能几个方面对职业会计师应具备的能力进行了补充，其中尤其强调了个人创造能力、个人影响力、个人的沟通与表达、个人领导能力及个人决策能力等方面的重要性。

加拿大CPA团体于2012年对会计能力框架图进行完善，将注册会计师的能力重新分类，提出包括财务报告、战略管理、管理会计、审计和保证、财务、税务及其他一般商业能力要求（含信息与信息技术、法律、宏观及微观经济、定量分析以及数据分析等能力)。

特许管理会计师公会（CIMA）联合美国注册会计师协会（AICPA）于2014年4月发布了《全球特许管理会计师能力框架》，要求管理会计人才应满足综合的能力的标准以及其他条件的要求，在遵守道德、诚信的基础上，从技术技能、商业技能、人际技能和领导技能四方面对全球特许管理会计师提出要求，重新对特许管理会计师公会的职业资格框架体系进行设计。

美国管理会计师协会（IMA）于2016年11月在《管理会计能力素质框架》中细化了28项会计能力素质的内容，从规划报告、财务决策、信息技术、企业运营和领导力建设五个方面分等级详细定义了各项能力素质的内涵，进一步完善了管理会计能力素质的框架结构。

国外的许多国家对会计人才应具备的能力较早展开了研究，其中关于会计人才培养的研究更是受到其他国家的关注。国际上各大会计师协会也纷纷对此展开研究，因此，国外会计人才培养模式的理论成果比较翔实、成熟，并且已经上升到国家政策的层面。

2.1.2 国外高校关于会计人才培养的研究

从美国各高校对学生培养的情况来看，相对于培养专业人才，美国高校比较注重造就通用性人才，在精英教育中更加关注通识知识的教育。美国一流大学的主要课程设置都是与人文、科学相关的基础学科，较少有学校将专业课程视为核心课程，学校将培养学生独立思考、自我判断、互相沟通等能力作为教育的核心内容，注重学生批判性思维的养成，这些都是一个合格领导者所应具备的素质。在美国多数高校，教师们鼓励学生突破标准答案进行作答，激励学生探索各种事物并进行准确的自我认知。哥伦比亚大学将培养学生的批判性和创造性的思维习惯作为其本科的核心教学内容，使学生们能够追求更加有意义和完美的生活。

美国大学 Christopher J. Lucas 总结了教师培养中表现出的主要问题，例如培养目标存在差异、地区自行培养教师可能会对教育学院的地位产生影响、削减教师的经费等，这些问题都会不同程度地影响高校教育中教师培养学生的效率，进而对美国大学中教育学院特有的“有效教师教育”模式进行优化。

英国大学的培养目标主要集中在培养绅士型领袖和优秀学者上。19 世纪教育家纽曼提出，绅士型领袖和优秀学者实际上都应具备独立思考、有效推理、相互辨别和全面分析的能力，也可以将他们称为拥有高雅情趣、有效判断力、开阔视野的人。

德国大学的教育理念基本上与洪堡的“完人”理念和雅斯贝尔斯的“全人”理念保持一致，在教育学生时比较注重完善学生的人格个性，培养学生的创造能力以及主动性，将培养全能型的学术人才与高级专业人才作为教学的重点。

哈佛大学、牛津大学以及剑桥大学等世界知名大学，都将追求真理作为办学目标，注重培养高情商、高智力的全能人才，教育出更多具有独立思考能力的人才，为国家提供更多全面发展的创新型卓越人才。

2.2　国内会计人才培养研究现状

2.2.1　关于国际化会计人才培养的研究

国际经济形势和整体经济环境不断变化，使得会计的职能发生了改变，从而要求会计人才能够迅速对整体的经济环境做出应变。我国飞速发展的经济对会计人才应具备的素质提出了要求，提高学生的综合素质和培养学生的综合能力成为培养会计人才的重点，从而造就出的会计人才具备国际视野，能够满足我国经济国际化发展的需要。因此，众多学者纷纷表示赞同会计国际化人才的培养，也对此展开了一系列探讨，并提出了各种有针对性的观点。

孙铮，王志伟（2002）对现阶段高校会计教育中体现出的问题进行了研究，着重探究中国加入 WTO 后将会面临的机遇与挑战。中国加入 WTO 后，将使中国会计教育事业进一步扩大，在会计教育中加入了竞争机制，对会计知识的更新要求以及高级会计人才素质的需求进一步提升。同时，中国的会计教育也将面临政治经济变革、社会文化变迁、科技水平提升、市场需求增加、国外教育机构相互竞争等一系列挑战。因此，对我国的会计教育事业提出了以下对策：为满足经济需求，应积极发展会计教育；确定高级人才、国际会计人才培养策略；突破会计学历或水平局限，确定高级人才培养方案；鼓励学生对专业、学科和选修课程的自由选择，以弥补知识层面过窄的缺陷；对大量选择会计专业的学生提供相应的退出机制。

孙育新（2003）提出伴随世界经济一体化的快速发展，会计国际化已经变成了世界各国直面的问题。会计作为国际贸易活动必不可少的一部分，应该加速与国际经济政策对接，实现会计的国际化发展。全球贸易和跨境交易变得越来越普遍，中国会计市场应该进行开放，允许外国的会计师事务所以及会计人才进入我国，我国会计相关机构组织也有机会到国外深造。中国加入 WTO 后，培养会计人才，创建国际化的会计团队的工作将更加紧迫。

何军峰，黄红球（2006）认为会计人才的质量高低与高校会计人才培养模式相关联，通过深刻理解并把握新时期下会计专业人才培养模式的特性与要求，对于我国社会主义市场经济的国际化发展、提高会计人才的素养具有重要的意义 。

沈英（2006）对国内会计教育进行分析，研究了会计高等教育的改革方案，重新明确了国际化会计人才培养目标的具体方案，设计出高层次、复合型、国际化会计人才培养模式的大体方向，并对此提出了有效的改革途径。

刘丽影（2006）认为在新时代下培养国际化会计人才极为重要，并提出我国的会计人才培养模式应进行改革与完善，应以国际化教育为导向，重视学生诚信教育，将高校的考试制度改为笔试以及口试两方面，全面提升会计学生的思想素质。

傅建雯（2007）发表了《现代会计人才素质的十大转变》，对我国会计行业发展现状进行了详细分析，从国际化发展的角度提出我国会计行业未来的发展趋势，指出我国应培养大量具有国际水平的会计人才，对目前会计人才培养的策略提出了相关建议以适应会计国际化形势的需要。

曹慧民，柴庆孚（2007）在会计国际趋同的背景下着重分析了国内会计教育中存在的缺陷，对我国会计的教育模式提出相应的优化方法，在提高会计国际竞争力、培养高级会计人才等方面具有关键性的作用。

庄学敏（2007）认为会计国际化发展离不开会计教育改革，就目前会计教育的实施情况分析，调整和完善会计教育体系已经成为我国教育改革的重点，通过教学改革能够加快培养具备国际会计知识、掌握国际会计惯例的专业人才，所以我国会计教育界面临的主要难题是如何建设符合我国国情的国际化会计人才培养体系。

王琴（2008）在经济全球化趋势下，对我国的国际化会计人才的培养方式提出了新思路，应该将国际化教育的原则深入贯彻到组织教学中，重点培养学生的创新意识，全面提升学生的综合能力。

沈颖玲（2008）提出会计环境的变动对国际化会计人才的需求越来越高，各高校应该对会计教育目标做调整，同时应该对会计专业的课程体系进行调整，并基于以上条件，进一步探讨了国际化会计人才应该具备哪些特质，从而对会计教学课程体系进行动态调整，对课程的整体结构设计、课程的核心环节与辅导课程的内容以及如何建设课程群等问题进行了逐一分析。

郭永清（2008）通过分析我国高级会计人才的结构，认为我国目前所拥有的国际化高级会计人才的数量相对较少，从而针对高级会计人才培养模式提出新的改进方案。

李晓慧（2009）总结了国外会计教学中优秀的经验与方法，对英国大学进行了实地考察与研究，从教学目标、课程设置、教学方法、课程考评等几个方面对国内大学的会计教学体系的建设提供了相关建议。

古利平（2010）表示经济全球化要求会计朝着国际化的方向发展，这就需要我国培养大量的高层次、高素质会计人才，在结合 ACCA 教学模式进行分析的基础上，从双语教学的课程设置、教学方法、师资力量、学生素质等不同方面为我国会计教育改革提出了针对性的建议。

刘玮玮（2010）在经济活动全球化趋势的基础上分析了我国会计教学中双语教学的必要性，认为在会计双语教学中仍然存在一些问题，并对教材内容、授课方式、师资情况、学生素质等方面提出一些建议。

叶怡雄（2011）认为会计国际化教育观念使得各个高校逐

渐关注培养具备国际会计准则知识与专业实践能力的高级会计人才，从而对我国培养国际化会计人才中可能遇到的障碍进行了探索，对会计实践教学改革提出了一些建议。

刘丽华（2011）认为会计为资本市场服务，推进会计教育国际化发展能够优化经济贸易的良好秩序，并为推进区域国际化、复合型会计人才培养机制提出了中长期规划的建议。

郭化林，何乒乒（2011）基于会计准则国际趋同的背景下，会计知识也应不断更新，所以协调中外价值取向、文化差异和培养终身学习能力是会计教育国际化的关键要素，由此提出培养合格的国际化会计人才的针对性建议。

王丹舟，郑婕颖（2012）了解高等院校有关培养国际化会计人才实践能力的状况，对比国际会计实践人才培养的先进模式，收集了一些值得借鉴的经验，从而对如何培养会计人才的实践能力提出一些有代表性的改进策略。

胡永平（2012）分析了西部地区一些地方高校中会计国际化人才培养的难题，对这些高校的教育方式提出一些建议，以加快国际化会计人才培养目标的实现。

张海兰，邢伟平（2013）认为会计国际化要求众多高校应以培养具备国际视野的高素质会计人才为主，而高校会计专业教学能够直接推动会计教育国际化的实现。他们对会计专业教学中存在的种种问题进行了剖析，并提供了构建以培养学生各种能力为核心的新型教学模式的新思路。

何传添，刘中华，常亮（2014）对我国会计学会、会计教育专业委员会的会议内容进行了概括，会议研讨了会计国际化教育、会计教学水平、会计人才培养质量等方面，从会计教育国际化与会计研究生教育、会计专业课程体系构建与教学方法的更新、会计专业人才培养等层面提出了相应的改进对策。

何丹，吴芝霖（2014）认为实践教学是造就高素质、复合型、创新型、国际化会计人才的重要环节，借鉴了国外会计专业实践教学的先进经验，重新设计了会计国际化人才培养机制，将课内教学、课外活动与校外实践三者结合，设计出三位一体的会计实践教学模式。

陈冬，周琪，唐建新（2015）对武汉大学首届 ACCA 专业毕业生情况进行收集，实例分析了 ACCA 专业教育对国际化会计人才培养的重要影响，认为 ACCA 专业教育有助于我国培养具备国际会计专业技能的人才，提高会计专业学生的国际竞争力。

楼继伟（2015）认为要深入贯彻落实人才强国的战略，我们应大力培养全国会计领军人才，因此，应该做到以下四方面：明确方向，服务发展；立足改革，创新机制；面向世界，拓宽视野；高端引领，统筹推进。

陈英，林梅，吴海平（2015）从高校与企业的不同视角分析了培养国际化会计人才遇到的障碍，从高校的视角提出我国现阶段国际化会计人才培养方面所存在的主要问题，并对高校的教育改革提出了一些建议，从企业的视角对企业在职人员如何进行国际化培训进行了探讨，最后提出高校应该与企业合作共同培养国际化会计人才。

兰飞，蒋园园（2016）认为高等教育国际化已经引起各国的重视，培养国际化顶尖人才越来越重要，根据财经院校中国际化人才培养体系的目标与原则构建了国际化人才培养体系的框架，并从培养目标、课程设置、师资条件、教学模式等方面细化了会计国际化人才培养体系的内容。

叶桂梁（2016）认为经济市场竞争激励，我国会计人才培养模式相对落后，为了更好应对全球化市场竞争，应该加快会计人才培养模式的变革进程，为我国培养更多国际化会计精英，推动我国经济的发展，带领企业走出国门，积极参加全球市场的经济活动。

李继志，邓美云（2017）认为人才培养在一定程度上影响着国际化教育改革的进程，也是衡量高校教学质量的重要标志。根据高校在国际化会计人才培养中遇到的障碍，分析了人才培养质量控制的关键因素，并为国际化人才培养质量保障体系的建设提出了相应的策略。

刘杰，吕荣华（2017）认为目前企业对会计人才的素质要求较高，然而高校在会计人才培养方面却无法充分满足市场高标准的要求，所以对我国高校会计人才培养过程中存在的主要问题进行了探究，进而总结了复合型国际化会计人才所需素质，对高校会计人才培养体系设计也提出了建议。

会计国际化要求会计人才应具备更加多面、综合的知识与技能，会计人才的造就应注重提高学生的素质、拓宽学生的视野、培养学生的应变能力等。在一定程度上，过去的会计教育已经无法充分满足会计国际化发展的需求，而具有夯实的会计专业知识、具备综合素质的会计人才已经成为新形势的需要。众多高校在会计人才的教学中应尽量完善会计知识教学的结构，提出新型的“宽基础、多学科”的培养机制，使得学生在未来不断变化的职业环境中稳定立足。作为一名优秀的国际会计精英，应该以本国经济利益为基本点，在不同国家的经济制度下进行双向的沟通与调整，以保障会计信息的真实，保证企业中经济活动的顺利进行。会计国际化为我国会计人才的培养提出新目标，培养会计学生的终身学习能力越来越重要，尤其在多变的经济环境下，学生具备继续学习能力显得特别关键。

综合上述内容，经济全球一体化发展要求国际化会计人才的支撑，每个国家都应予以重视，为了顺应时代的发展需要，国内学者踊跃对我国高校培养会计人才提出要求，致力于提升会计学生的综合素质，并对高校中的会计教学模式、课程编排、学生评价等方面进行优化，将传统教学的重心转变为时刻重视国际化会计人才的培育，使学生可以完全了解国际会计准则以及会计知识的变化，从而造就高层次、高素质的国际化会计优秀人才。

2.2.2 关于创新创业人才培养的研究

我国经济的发展推动了社会的进步，从而需要大量的创新创业人才支撑我国的经济建设，但我国对于人才培养模式的更新速度较慢，无法充分适应发展的需要，传统类高校对于培养应用型人才方面忽视了创新创业型人才的培养，存在较多的弊端，国内的一些专家学者逐渐意识到个性化人才培养的重要性，对此展开了一些详细研究。

赵润廷，张俊平（1998）从知识经济背景的角度着重分析了培养创新人才并加强对人才管理的关键作用，从创新人才应具备的特点层面对我国教育方式提出改革建议，为经济发展提供足够的优秀型人才。

姜宏德（2000）从知识经济时代的角度分析，我国的创新型人才相对短缺，解决创新人才短缺的关键是对教育进行创新。

李大公，姚美珍（2002）认为创新是人力资源中最关键的部分，同时创新也是推动生产力发展的有效动力，高校应从发展生产力的战略角度重视创新创业人才的培养，依据高校创业人才培养的现状对教育改革进行一些探讨。

张进（2006）认为在不断发展的经济社会中，完全有必要实施创新创业型教育，培养创新创业型人才，并对我国现代高等院校的人才培养目标提出了新要求，即为促进学生的创新创业能力的培养，有必要对我国的教育观念进行创新，全面推进我国的教学改革进程。

曹胜利（2008）提出创新型国家的发展离不开创新创业人才的支撑，加速培养创新创业型人才，首先要明白创新型人才培养的本质、知识体系以及价值取向，明确创新创业人才的培养目的，并为我国教育改革提出建设新型大学的艰巨任务。

李华（2008）对于全面推进我国的素质教育表示认同，造就具备自主创业意识、开拓创新能力的高层次实践型人才，已经成为这个时代赋予高校的新要求，进而提出适当利用课程体系全面推进教育改革，助力学生学习更多的专业知识，也是加快创新创业人才培养的有效路径。

李飞（2009）在远程教育流行的时代下，对会计创新型人才培养的意义进行了明确，探讨了关于会计创新人才培养的新方向。

赵红梅，廖果平（2010）认为应该对高校的教育模式进行创新，从根本上解决大学生同质化的问题，这也会在一定程度上推进创新型国家的建设。根据社会需求对会计本科的教育进行改革，实现创新创业型教育，为发展具有核心竞争力的社会奠定基础

孔令辉（2010）依据我国对会计人才的需求情况，制定了会计人才的培养目标，提出应调整高校的办学方向、改革高校的课程体系，根据国际竞争环境培养创新应用型会计人才三个方面的建议，并对我国高等院校中创新应用型会计人才培养模式进行设计，提出相应的教育评价体系。

敬采云（2011）认为在创新型国家建设的过程中会计人才培养模式与会计创新型人才培养尤为重要，提出会计创新人才的“工”型特色培养模式，对加快会计创新型人才培养的进程具有积极意义。

刘丽华，李旭（2011）分析了中国—东盟贸易区的建设对会计人才的迫切需求，对会计专业的教育观念、培养宗旨、课程体系、教学模式等方面的改革与创新进行了积极的探讨。

吴中华（2012）提出教育创新应该成为创新型会计人才培养的原始出发点，ERP 仿真教学为造就创新型会计人才提供了优秀平台，从而利用 ERP 仿真教学对我国教育模式进行创新研究，推进创新型会计人才的造就。

邓学衷，姚俊俊（2013）对创新与创新学习的过程、动力路径以及能力发展进行了具体的阐述，对创新学习教学实践、培养创新型人才具有指导意义。

程翠凤（2013）对会计信息系统的实践教学目标进行了准确定位，探究了会计信息系统实践内容与实践教学模式中的各项问题，提出了以创新创业实践能力为导向的会计信息系统的实践评价机制。

周凌宇，余文华，舒铁（2014）对我国高校的教学展开了调查，探究了创新创业人才的课程体系设置，从本质上对高校如何建设创新创业人才培养的课程体系，以及该体系的特征、思路及技术进行了进一步阐述。

田志心（2015）对我国学术类会计领军人才的培养工作进行了详细分析，探讨了如何利用创新的会计人才培养模式培育我国的会计领军人才。

樊丽明（2016）对创新创业核心素质进行细化分析，提出应该包括知识、能力以及思维三方面的内容，并提出通过改造课程体系、改革教学方法、提升师资力量、净化创新创业环境等方法提升学生的综合素质，进一步完善创新创业人才培养体系。

王文华，王卫星，沈秀（2016）提出创新创业人才是未来商科人才培养的必然选择，这些优秀的商科创新创业人才发挥着不可忽视的重要作用。同时，院校中的实践教学也能够增强他们的创新创业意识，提升业务处理能力。在此基础上，他们对我国目前高校的实践教学情况进行了分析，提出我国高校在实践教学时缺乏对实践教学的重视、实践教学体系不连贯、师资力量缺乏等问题，从而提出完善商科实践教学的具体措施。

章振东，卢洁（2017）根据中国经济“新常态”所表现的特征，提出管理会计将要面临的新挑战，我国应该不断更新管理会计理念、创新管理会计理论与方法，积极培养优秀的管理会计人才，为我国管理会计体系的构建贡献力量。

张各兴（2017）对会计领军人才培养进行了思考，对如何发挥会计领军人才的作用进行了分析，对如何创新会计领军人才提出建议：升级课程体系，在夯实会计转型所需知识储备基础上持续引领；深化现场教学，在会计转型前沿进行实践工作；注重社会实践，在创新创业的浪潮中积极引领；构建学习生态，在联盟合作和融合提升中相互引领；强化纵横联通，在全方位、立体化的使用中推动引领；锤炼专业能力，用沉淀提升后的独特思维和超凡智慧引领；坚持职业操守，在凝炼职业信仰和家国情怀中引领。

综上所述，创新创业教育是国家层面提出的战略决策，创新创业人才的培养对于社会发展具有重要意义。多数学者认为会计学专业作为一门应用型很强的学科，应积极推进会计教学改革，相比于同质化的人才培养模式，会计教育应该对创新创业人才的培养模式进行不间断的优化，建构与经济形势和地区产业发展趋势相对应的课程体系。高校应积极引入个性化的创新创业人才培养模式，以适应现代科技发展和经济发展需要。高校创新创业人才的培养应以个性化教育为基本导向，稳固树立以学生为本和以个性培养为中心的多元化、差异化的教育观念与人才培养观念，加快学生的全面发展，为国家提供越来越优质的会计人才。

2.2.3 关于实践应用型人才培养的研究

长期以来，多数高校一直专注于培养研究型人才，但实际上，学生毕业后较多走向实务岗位，所以学生不仅需要学习严谨的理论知识，也需要掌握具有应用价值的实务知识。对于高校如何培养高素质的应用型会计人才，确定会计人才的培养目标以及培养策略，使学生具有良好的实践能力，已经成为许多学者研究的方向，对此有些学者提出了许多旨在培养应用型会计人才实践能力的建议，部分高等院校对会计学生的教育也进行了相应的教学改革。

张立康，秦建英（1998）在《培养复合型应用型人才的探索》中指出，想要培养既懂计算机软件又掌握财务会计专门知识的应用型技术人才，需要在教学过程重视培养学生的实践能力以及技术的应用能力，建立以培养能力为中心的会计教学模式。

李汉芳，谢长儒（2000）认为在飞速发展的经济和不断更新的科技时代下，高级会计人才应该具备良好的职业道德，掌握丰富的专业知识且能够熟练地加以运用，这样的实用型会计人才对社会的进步有着重要的作用。

曹晓丽（2003）分析了理工科院校创办会计学专业的背景和特色，复合型会计人才培养模式得到了国家和社会的认可。她认为加入 WTO 之后的理工科院校会计学专业会面向社会，为经济建设服务，同时应强调学科交叉，做到理论知识的完善及增强专业知识领域特色办学，完成复合型会计人才的高效培养。

李笑雪，张银华，李海蓉（2004）根据市场的需求对应用型会计人才进行分析，提出了应用型会计人才教育培养的系列问题，指出培养应用型会计人才的新目标，完成由培养目标—培养模式—培养行为—促进经济发展—构建新目标的良性循环系统。

陈玉荣（2005）认为会计实践教学是理论与实践的黏合剂，并且能高效地培养出应用型会计人才，进而对会计实践教学的现状与价值进行了剖析，明确了会计实践性教学的原则，并且为会计实践教学提出改革思路。

张芸（2005）认为改革应用型教育课程实际上应该使接受应用型教育的学生体现出应用型人才的特质，因而从宏观层面与微观层面上分别对应用型人才的培养模式以及应用型教育培养目标的课程设置原则与开发方法展开了具体的研究与分析。

李玉茹，孙克新，孙文先（2005）认为在市场经济环境的不断变化中，社会发展需要大量的应用型会计人才。高校作为提供会计人才的主要桥梁，其会计教学模式存在诸多问题，无法完全满足社会对应用型会计人才的要求。高校应对会计教学模式进行改革，引入滚动式教学方案和推进式教育方法，形成新的会计教学理念，与市场和国际接轨，培养出高素质的、社会需要的应用型会计人才。

王福英（2006）认为会计模拟实验教学能够将理论知识与实践经验完美结合，并且可以有效实现会计实践教学目标及弥补学生校外实习不足，同时也可以提高学生实践能力，推动高素质应用型会计人才的培养。

刘永泽（2006）认为会计本科教育应该以培养应用型人才为目标，高校应加大力度培养学生的再学习能力，并且应对传统的教学手段与考试评价制度进行改革。

张宝悦（2007）认为随着社会经济的进步，应用型会计人才得到越来越多的关注，提出应用型会计人才应具备实用性、创新性、通用性和外向性四项基本素质。

胡敏，聂洁，杨萍（2007）从市场结构的变化分析出应用型会计人才各方面素质要求的转变，会计专业教育作为造就应用型会计精英的主要途径，应该根据社会需求进行改革，从而为国家提供更多高级的应用型会计人才。

贝洪俊（2008）分析了社会对会计人才的知识结构和实践经验的具体要求，并指出了会计学教学中存在的问题，提出应用能力和基本素质应该优先培养，要结合学历教育与资格教育、理论教育与实践教育，构建高效培养应用型会计人才的模式。

廖联凯，洪莛（2009）分析了高校会计专业校外实习的现状，认为需要在传统的校外实践基础上进行改革，使学生能够有高层次的会计实习经验，与企业实际状况接洽。

江兰天（2009）认为对于应用型会计人才的培养，会计实践教学是首要任务，并提出了会计教学体系应该遵循由浅到深、由低到高的先后顺序，以校内实习作为教学基础，以校外实践作为理论补充，以校内外联合为宗旨，理论与实践充分融合。

陶学伟（2009）提出培养应用型会计人才是现阶段各高校会计教育的重点，并从会计本科人才培养目标的设置、课程体系改革、会计人才培养过程、教师能力素质要求及会计人才评价等方面对应用型会计本科人才培养模式进行了深入的探讨。

蒋昕，单昭祥（2010）通过对十五所独立学院的调研并结合广东海洋大学寸金学院中应用型会计人才培养的教育模式与教学改革的实践情况，对独立学院会计专业人才培养的现状进行探究，并且对其中存在的问题提出相应的改善措施，为建立独立学院应用型会计人才培养模式提供意见。

胡伟（2011）在《完善实践教学体系培养应用型会计人才》中指出会计专业学生的思维模式、知识和技能的能力培养都可以通过会计实践教学来实现，进而重点探讨了构建会计实践教学体系的基本思路以及如何对其进行完善的途径。

丁桦（2011）认为我国高校会计专业教学模式存在会计本科教育培养目标不明确、会计课堂教学模式不完善、会计实践教学模式不连贯等缺陷，并指出会计专业人才培养应注重基本素质和理论知识的培养，顺应时代发展，以应用为导向，以社会需求、职位要求为培养宗旨，培养出满足时代发展需要的高素质应用型会计人才。

黄新颖（2012）根据社会对应用型会计人才的需求情况，分析了院校会计专业在培养应用型会计人才实践能力时遇到的障碍，提出我国院校应该明确会计人才培养目标，改变会计专业课程体系，在教学中增加实践教学等建议，旨在提升应用型会计人才的实践能力。

李冬梅，王英（2012）认为高校开设的会计专业是应用型会计人才的主要培养基地，身负培养人才的重任，并且在出现阶段性会计实践教学问题时，及时提出相关修改意见，加快为社会培养更多合格应用型会计人才。

邓孙棠（2013）合理定位了应用型本科会计教育目标，分析了应用型本科教育课程体系构建原则，进而对应用型会计本科教育课程体系现状进行了研究。通过分析，邓孙棠认为应用型会计本科教育应包含会计知识培养、会计能力培养以及会计素质培养三大模块的课程体系。

王辉（2013）认为相对于研究型会计人才，社会对应用型人才的需求更加迫切，然而社会上的应用型会计人才无论是在数量上还是在质量上都不能满足现实需求，而且人才培养的方法还有缺陷。为了能满足社会的需要，首先应该明确具备什么素质和特征的人才是应用型会计人才，然后根据素质和特征找出培养人才的路径，制订出科学的、高效的、合理的人才培养方案，根据标准有效地控制人才培养过程，保证不受制约因素影响，培养出高质量应用型会计人才。

裘益政，樊晓琪（2014）认为应用型会计人才的培养必须伴有实验教学方法和内容的改革，高校应提升会计专业学生的实践能力和创新能力，致力于培养差异化优势的管理型会计人才，提出了实验教学的目标及其教学方法和内容的建设性意见。

滕晓梅（2014）结合应用型高校的特点，提出从以下三方面进行改革：改革人才培养模式，管理会计应用型人才应重点培养；强化校企联合，合作设计教学课程；改革会计教学方法，以指导和引导为主要培养方法，锻炼学生的自主学习能力。

李明娟（2015）从专业能力、方法能力、行为能力三方面对应用型会计人才的职业能力提出了新的要求，高校在培养应用型会计人才时应该注意更新教学材料、改革教学方式、创新考核方式、加强信息技术与教学课程的整合，以及强化师资力量等方面的问题。

赵改玲，孙家平，刘海英（2015）从确定人才培养目标、师资队伍建设、教学方法改革、课程体系的完善和实践教学的改革等方面分析了现有高校会计专业人才培养中存在的问题，为科学的构建应用型创新人才培养模式提供建议。

黄盈盈，熊智（2016）分析了如何在校企联合的教育潮流下建设与工作相关联的会计专业课程体系，对校企合作共同培育具有“三师素质”的专兼结合的师资队伍、优化会计专业的课程考核方法等方面进行了着重探讨，致力培养出优秀的应用型会计人才。

李晓明（2016）认为应用型会计专业课程体系是本科知识理论教育与会计职业实践教育的完美结合，这种课程体系有助于学生提前对职业目标进行规划，培养学生具备职业会计师所必需的能力和素质，从而对应用型会计专业课程体系提出构建建议。

张彩平，宋开阳（2017）提出构建“321”会计应用型人才培养模式，结合实际案例对地方本科院校应用“321”培养模式过程中出现的问题进行分析，并提出有一些针对性的建议。

王玉红（2017）认为我国传统的教学模式存在课程结构不合理、教学方法落后、学生考核过于刚性等问题，提出在应用型院校的会计实验教学中引入柔性化的课程考核方式弥补刚性实验教学的缺点，克服刚性实验教学的不足。学校的实验教学活动应该以会计学生为主体，注重强化学生的职业技能，并适度对学生进行上岗前培训，从而培养出高素质、高水平的应用型人才。

综上所述，学者们一致认为高校开展会计专业教学是我国会计人才培养的主要途径，随着时代发展以及新兴企业经营模式创新变化，理论与实践结合日渐重要，具有创新能力的专业人才更是不可或缺，应用型会计人才是当今社会会计领域主要培养的目标群体，高校作为人才培养的主要基地，应积极参与会计人才培养模式、教学模式和课程设置等方面的研究与改革。现阶段，很多高校对会计专业学生进行的培养过程中，已经引入了新的人才培养观念，即培养应用型会计人才，而培养应用型人才也是我国时代发展的必然趋势，是历史的进步，更是社会经济发展的必然结果。

2.2.4　关于卓越人才培养的研究

财政部在《会计行业中长期人才发展规划（2010—2020年）》中明确指出，要大力培育应用型高层次会计人才，满足经济社会发展对高素质应用型会计人才的新要求。我国于 2010 年开启“卓越工程师教育培养计划”，为培养大量具有创新能力、满足经济发展要求的高端工程技术人才，为建设创新型国家、走新型工业化发展道路、建设人才强国贡献力量。会计学作为应用性较强的专业，也应该对会计人才的培养模式进行优化，向“卓越会计师”现代高层次会计人才培养模式靠拢，满足社会对会计人才的需要，推动社会经济水平进步与发展。就目前情况来看，卓越人才培养模式逐渐成为我国会计教学改革中一项重要的课题，众多学者纷纷围绕卓越会计师的人才培养模式进行了一系列探究，为造就卓越会计人才提供借鉴与参考。

程安林（2012）提出卓越会计人才培养体系应该包括“三位一体”人才培养方向、“124”的卓越会计人才培养方式以及“三层递进”会计教学模式，同时提出“一主二翼”的会计教学方法以及“12345”的会计实践教学体系，对于培养具备洞察力、意志力、拥有较强学习能力、具有国际视野的卓越会计人才有着非常重要的作用。

涂冰艳，廖康礼，蔡报纯（2012）提出卓越计划推行时代下应加快造就卓越会计人才的步伐，对卓越计划下的“卓越会计师”人才培养模式进行了探讨，从而提出优化我国卓越会计培养体系的方法，即将学校教学与实践活动结合起来，将校内课程与校外实习配合起来，将国内教育与国际交流衔接起来，建立具有特色的卓越会计人才培养体系，提供更多应用型、国际化的“卓越会计师”。

王庆石，刘伟，孙宗扬，吴宝峰（2013）将传统人才培养模式进行优化，提出卓越人才培养计划是各高校教学改革的重点，也是社会发展的有力支撑。在本科教育层面上，卓越会计人才应具有责任心、实践性、创新性、国际性四方面的基本素养，并提出人才素质以及职业技能两方面的培养标准。职业道德、社会责任感、个人素质以及职业技能为人才素质培养标准的重要方面；公司管理、公司战略、风险管理、税务筹划是职业技能培养标准的重要因素。

邓学衷，周琼（2013）根据高校本科会计人才培养的创新要求，以实例分析了创新会计人才培养模式的背景与教学改革实践，着重探讨了在实施过程中师资团队、基地建设与教学评价存在的问题与解决方法，为国内高校本科卓越人才的培养提供了参考。

何玉润、李晓慧（2013）实地考察了美国十所著名的高校，总结了美国高校会计专业人才培养的重要特点，并将中美两国高校进行了对比分析，探究了两国会计专业人才培养模式存在的差异，为国内各高校中的会计教育提出了相关的改革对策，为我国大力培养综合型、国际化、实践型、创新型的会计人才提供了保障。

霍影，谭旭红，陈英（2013）对我国高等教育中的表象进行了探究，综合目前卓越会计师的培养情况，为不同服务方向的卓越会计人才提供了培养方案，利用实例探讨了实践中存在的种种问题，重新对“卓越会计师”的人才培养方向进行明确分类，为培养出更多优质的会计人才贡献力量。

裘益政，许永斌（2014）在《基于管理型特色的卓越会计人才培养模式研究》中研究了管理型卓越会计人才的培养方式，重新界定了卓越会计人才培养的内涵，设计出了一套新的人才培养的方法体系。

程安林，王婷，刘佳俐（2014）从产学研合作培养机制角度对卓越会计人才培养提出了保证，我们应基于卓越会计人才培养宗旨，从培养管理机制、合作动力机制以及保障激励机制三个方面对我国的卓越会计人才培养体系进行探究与分析。

滕晓梅（2014）根据卓越人才培养计划的核心内涵，探讨了应用型本科院校的特殊性，从卓越会计人才培养的职业标准、课程体系、教学方法等方面提出了见解，并深入研究了如何构建校企（行）共育机制。

张伟，王新红，王媛（2015）对卓越会计师的内涵提出新的见解，从卓越会计师素能的角度对其构成内容与培养标准进行了论述，在此基础上，从课程体系优化、稳固推进理论教学、设立多种实训教学方案等层面提出优化卓越会计师培养方案的建议，为我国会计教学改革提供参考。

刘宇会，张迪，于善波（2015）指出在全球化的背景下，管理型会计人才的培养不仅需要各个高校的支持，企业也应该进行一定的配合。培养出真正的管理型会计人才并不是一个快速的过程，而是需要经过实践的考验，会计人才需要长期积累经验，慢慢成长起来。对于高校而言，对学生的综合素质、实践能力进行培养已经成为未来教学的主要方向，将学校的教育与企业的训练相结合，才能为社会培养更多具有综合素质的管理型会计人才。

翟华云，胡娟（2015）表示在协同创新时代背景下，卓越注册会计师应具备创新性、国际性、市场性等特质，并提出卓越注册会计师新的培养模式应从培养方案、培养方法、培养平台等方面进行创新改变，进而提出了相关创新建议。

李定清，钟廷勇（2016）提出，卓越会计人才是具有应用性、综合性、国际性的高级会计精英。在培养会计人才的过程中，高校教师要树立国际观、能力观、实践观、创新观、质量观等人才培养观念，要创新人才培养方式。同时，高校应构建卓越会计人才培养体系，完善卓越会计人才的评价体系，构建出符合卓越会计人才培养特色的课程体系。

霍影（2016）认为我国院校对卓越会计人才培养时可能会面临系统定位薄弱以及功能缺失的问题，进而提出培养卓越会计人才应在职业道德、知识网络、行业技能、思维能力四方面加强锻炼，提出“德、知、行、思”四维度的会计人才培养体系，并应对卓越会计人才的培养进行全维度考评。

邹娟，胡淑娟，胡胜（2016）结合新型本科院校的特点，从采取各种措施提高师资力量、合理设置“卓越会计人才”能力框架、采用灵活多变的教学方法、构建实践教学内容体系、激励与约束教学质量监控机制等方面提出了保障“卓越会计人才”培养机制。

俞军，魏朱宝，巫绪芬（2017）认为高素质的卓越会计人才越来越重要，卓越会计专业人才的培养模式应围绕着能力本位和实践本位的专业培养目标，以能力输出导向的模块化课程教学体系为主要载体，应从优化人才培养方案顶层设计、构建多元化实验实践教学、创新教学方法、强化师资队伍建设、健全质量评价与监控机制等方面优化卓越会计专业人才的培养模式。

刘华，翟华云（2017）指出培养高素质卓越文科人才已经成为现代高校教育的重点，特别是加强对卓越本科会计人才的造就，并从个性化、国际化、专业化三方面探讨了卓越本科会计人才的培养方式，还对卓越本科会计人才的培养模式提出优化措施。

张黄，徐飒，罗永辉（2017）提出实施双语教学是培养具有国际化视野的“卓越计划”会计人才的有效途径。高校有必要结合“卓越计划”人才培养要求和会计国际化的特点，建立科学规范的双语教学体系，在师资队伍建设等方面不断探索，以培养出更多的面向现代化、面向世界、面向未来的卓越会计人才。

张自伟（2017）依据卓越会计师的内涵以及培养意义，对我国卓越会计师的培养模式进行了定位，提出应从双师双能型师资队伍建设、仿真实验室建设、实践教学基地建设三个方面提出保障卓越会计师人才培养模式实施。

国内高校目前打造的会计人才实际上无法与社会需求相适应，虽然学生掌握了会计理论知识，但在会计实践中仍然欠缺一些能力。国际会计准则趋同以及经济全球化发展都对会计人才的素质提出了更高的要求。为追随时代发展的步伐，我国教育部提出“卓越会计人才教育培养计划”，积极鼓励高校培养高端优质的会计人才。许多专家、学者对卓越会计人才培养进行了研究，并从卓越会计人才培养模式角度出发，提出会计教育应向卓越化发展，全面推进我国会计教育改革。国内会计组织机构和专家学者的研究表明，中国卓越会计人才培养迫在眉睫，改善我国卓越会计人才的培养模式并合理选择其实现路径对我国会计事业的发展具有重要意义。有关高校开始以培养学生成为具有综合素质的卓越会计人才为目标，逐渐对卓越会计人才的培养机制进行探索，设立卓越会计人才培养的课程体系以及学生评价体系，创新卓越会计人才的培养机制，以造就更多满足经济全球化要求和社会发展需要的卓越会计人才。

2.3 国内外会计人才培养研究评述

国外对于会计人才培养研究较早，相比于国内而言对会计人才培养的经验更加丰富，并且已经相对成熟。国外高校在会计教学内容的编排方面，不仅关注教授学生的基本知识，也注重利用教学课程来培养学生的综合实践能力。会计专业的教学内容不再单一，而是将会计教材作为若干教学内容的一方面，并利用一些商业资料进行辅助教学，对实践教学起到很好的互补作用，学生学习的案例和习题的答案也从唯一的标准答案向开放性答案过渡，有助于强化学生的职业判断能力。在国外，大多高校将会计学专业所包含的课程分为三类，主要包括一般教育课程、企业管理教育课程以及会计教育课程。其中，一般教育课程的安排旨在锻炼学生分析问题、解决问题的能力，提升学生的洞察力和判断力；企业管理教育课程的安排主要为了使学生了解产品、劳务、生产、营销等概念，学习企业管理的过程和管理机构的安排，了解企业以及其他形式组织的建设过程；会计教育课程的设置则是为了培养学生能够具备良好的知识储备，满足未来职业发展的需要。在美国等发达国家，非常注重培养会计个人的修养，甚至比培养专业技能更重要，所以他们非常重视在教学中安排一般教育课程。

国内对于会计人才培养的研究也形成了规范体系。会计人才培养整体分为三个层次：会计职业教育、会计专业教育、研究型会计教育。会计职业教育侧重于技能培训；会计专业教育为本科会计人才培养，是将理论素养与实践能力相结合的综合人才培养，是为社会培养会计人才的主要渠道；研究型会计教育侧重于教学研究。高等院校会计教育研究就是针对此层次人才培养进行研究，包括人才培养定位、培养目标、师资建设、课程建设、教材建设、时间基地建设、激励机制建设、保障措施建设等方向。随着培养定位的调整，培养体系也会随之改变，国内学者大多从以上不同角度研究会计人才的培养问题，以适应时代需求，为国家发展提供人才支持。

第3章 卓越会计人才培养模式研究的理论基础

3.1 基础理论

3.1.1 教学规律理论

教学规律理论是现在教学中常用的理论，它是一种客观的、稳定的、必然的、不以人的意志为转移的理论。在运用教学规律理论进行教学的过程中，在认清其为客观存在的基础上，要将其与实践相互联系，培养实践型人才，在工作中将理论应用于实践，实践中蕴含理论，进而培养出符合新时代的应用型人才，保证学生能够独立地认识问题和解决问题。学生所学的知识不能与社会脱节，学生可以将学习的知识运用到实践中。古罗马学者曾强调过理论与实践的重要性，即“没有实践的理论和没有理论的实践都没有意义。”同时，教育家 M. F. 昆体良、J. A. 夸美纽斯、J. H. 裴斯泰洛齐等人都十分重视教学规律的应用。

教学规律理论具有五个特征。第一，教学规律具有客观性，它是客观存在的，根据马克思主义辩证历史观，教学是一种人为活动亦是一种构建性活动，教学规律制约着教学活动，因此，在不走向唯心主义的情况下，需要承认教学规律的地位，不能认为教学规律的存在就是在否定该规律。第二，教学规律是以统计性规律为主，并非是确定性规律或者动力学规律。统计性规律主要表现为必然性。必然性是大量事件的发生一定会产生的结果，而不是偶然事件。一些后现代主义者反对、否定教育规律和教学规律，其实质是用“机械的历史决定论”的规律观，以“动力学规律”或“确定性规律”标准来看待教学规律。第三，教学规律的制约性是有弹性的，这也是统计性规律的本质特征之一。“教学永远具有教育性”是一条多数人认可的教学规律，它的客观性、必然性主要表现在只要教师实施教学，向学生传递知识，就必然会对学生的思想品德或世界观、心理情感等方面产生影响。但是，教师讲授同一教学内容，对不同学生思想品德或世界观、心理情感等方面产生的影响是不同的，说明教学规律的制约性是有弹性表现的。第四，教学规律具有层次性。教学是人类社会的子系统，但它是一个复杂系统，其内部又包含着许多子系统，因此，教学规律是一个有层次的规律体系。第五，教学规律具有条件性。无论自然科学规律还是社会科学规律都是有条件的，都有其条件适应性，适合于宏观和抽象层面的规律不一定适合于微观和具体层面，教学规律也不例外。

3.1.2 全面发展理论

全面发展是现代教育追求的状态，全面发展理论则是全面发展的支撑。全面发展理论是指人的能力的全面发展，主要是指体力与智力的充分协调发展，同时也包括道德品质与才能等。

全面发展理论在历史唯物主义中占据重要地位。历史唯物主义创始人马克思从分析现实的人和现实的生产关系入手，提出了人的全面发展的条件、手段和途径。马克思指出：人的全面发展就是人最根本东西的发展。因此，马克思主义的全面发展理论是以人为主体，从人的本质展开进行解释，同时从人的能力、人的个性和人的社会关系开始梳理，从片面到整体，从曲解到正视，从虚无到现实，从贫乏到丰富的发展过程。

（1）人的需要不断得到满足。人的需要是人在生存时的一种自然欲望，是人生产、生活的动力。马克思与恩格斯在将人的需要分为三个层次，即生存需要、社会关系需要、精神需要。随着社会形态的不断提升，人的需要得到满足。在社会不断发展的过程中，为实现共同富裕的目标，物质财富聚集，因此，人的需求开始出现多层次性与多样性并存的现象。

（2）人的能力不断提高。人的能力是人的本质力量的体现。人的全面发展首先是人的各种能力的充分发展，这样才能使社会全体成员的才能得到全面发展，但社会生产力在一定程度上制约着人的全面发展。我国当前生产力发展迅速，但是发展却出现不平衡的状态。人们在支配时间上不能发挥自主意识，劳动由于强制的分工，导致其只是人们谋生的手段。在从“高速度”向“高质量”转变的过程中，人们实践的全面性、需要的多样性，社会关系的普遍性，将会推动人的全面发展，使其真正实现“上午打猎，下午捕鱼，傍晚从事畜牧，晚饭后从事批判”的没有固定分工的状态。

（3）人的社会关系不断扩大。人存在于整个社会中，人的本质属性与社会属性相一致，人的实践活动必会形成一定的社会关系，社会关系的不同将会导致不同的实践活动。人的发展会受到社会关系的制约，主要表现在社会关系的变革上，因此，马克思指出："个人的全面性不是想象的或设想的全面性，而是他的现实关系和观念关系的全面性。"人的全面发展是交往的发展，由于社会生产力的不断提高，个体将突破分工、地域、阶级、民族、国家的界限，扩大社会交往范围并提高个体的体力、智力，积极参与社会生活的各个领域、层次的交往，形成整体联系。只有运用历史的视野、科学的态度、发展的眼光分析、解决问题，个人才能摆脱个体、地域和民族的狭隘性，从而形成全面的社会关系，进而达到全面发展。

（4）人的个性不断丰富。随着社会生产力的不断发展，从原始社会到社会主义或是资本主义社会，人的个性获得了最大限度的发展。在原始社会，人的生产能力很低，需要人与人之间合作，独立的生存在社会中是不可能的；在资本主义社会，由于人与人之间不断的交往，出现了物质交换，人们的需求开始增加，生存能力不断提高，然而社会关系以异己的形式同个人相对立，人的发展依然受其束缚和压抑，人的个性难以真正形成和发展；在共产主义社会中，个性得到充分发展就是一切天赋得到充分发展。人成为自己真正的主人，人的个性得以充分发展，完全摆脱对人与物的依赖，整个社会将会是具有各种个性的自由人联合体。

人的全面发展理论应用于我国的教育中，对于我国高等教育培养人才的目标，人的全面发展则是指人最基础的素质得到发展，人的基本素质主要是在德、智、体、美等方面，高等教育会计人才的培养也是遵循了人的全面发展的教育理念。同时，在培养会计专业人才的同时，坚持以人为本，注重个体的个性化与发展的完整性，因材施教，促进人的全面发展。

3.1.3 终身教育理论

终身教育思想最早可以追溯到四大文明古国的古老哲学，在这些国家的教育思想中含有终身教育的雏形。随着历史的发展，一些古代哲学家、教育学家如夸美纽斯、卢梭也提出与终身教育相类似的思想。1965 年 12 月，在联合国教科文组织的“第三届促进承认教育国际会议”中，法国成人教育家保罗·朗格朗提出：教育应当贯穿人的一生，应当为人们提供人生各阶段所需要的知识和技能，而不能简单地把人生分为用于受教育的前半生和用于工作的后半生。它是受科学知识和技术的进步、人口的不断增长、自由闲暇时间的增加等因素的影响而逐渐产生的。终身教育是一种概念，亦是一种思想、一种理论、一种原则。

对终身教育理论的认识与理解，每个国家都不尽相同，大多数国家认为：终身教育起于生命之初，终于生命终止，包括人在发展过程中的不同阶段的教育活动。同时终身教育也可以理解为是一个纵向与横向相结合过程，纵向是指从婴儿时期到老年时期接受各种教育，横向是指在学校、家庭、社会等不同领域所接受的教育，但是最终目的都是为改善人们的生活质量。

学术界一致认为职业教育是终身教育中的分支。职业教育包括从业前培训、转业培训、学徒培训、在岗培训、转岗培训，可以由学校实施，也可由社会上职业培训机构实施，属于终身教育体系的一部分。由于生产力的不断发展，机器被大规模使用，劳动者需要满足熟练技能和技术训练的要求，职业技术教育是员工在求职时或者是避免失业时的加分技能项。近年来，随着社会职业的不断转变，劳动者的录用标准逐渐提高，若是没有职业技能训练，劳动者大多数将会固守原有职业，而不能适应职业结构的发展，单次职业训练不能与时代发展要求相一致，因此人们需要不断地接受新技能的培训，从而更好地适应职业结构的不断变动，这是终身学习理论的实际应用，在一定程度上也体现了终身教育与职业教育的一致性。

终身教育理论内容框架见图 3. 1。

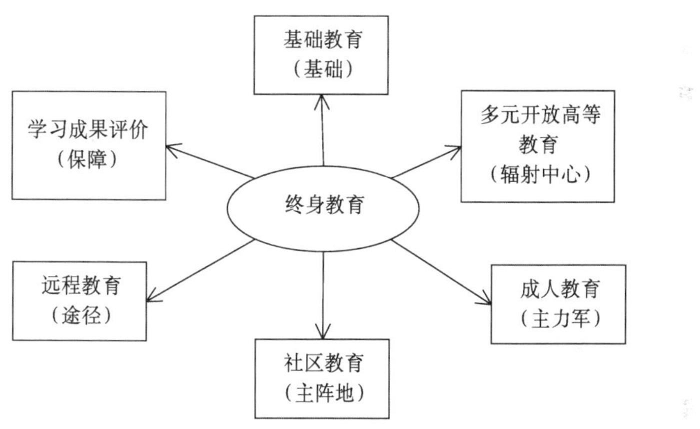

图 3. 1　终身教育理论内容框架

当今世界信息技术迅速发展，新的知识不断形成，新的领域不断出现，不可能经过一次学习就掌握全部的专业知识，若不进行终身教育，一味地传授知识，忽略能力的培养，在学生毕业时则不能适应社会的发展变化。终身教育理念作为一种符合未来发展的教育观念，十分看重学生的能力，重点帮助学生在接受教育时能掌握继续学习的能力，使学生能够适应变幻无常的社会。

3.2 支撑理论

3.2.1 人才可持续发展理论

所谓人才可持续发展，就是以可持续发展理论为指导，科学对待人才这种优质资源，研究和实施人才这种第一资源的永续利用，并做到各领域、各层次的合理统筹，改变当前现实中对人才的不合理利用与开发的情况，使各种人才的建设和发展状况满足社会发展的需求，实现人才的可持续发展。

(1) 人才资源的可再生性。人才资源的可再生性主要表现在它与实物资源的不同上，实物资源不会因为被反复地利用而提升自身的价值，而人才资源则会因为智力的不断利用与开发而不断地升值，从而达到人的可持续发展这一目的。

(2) 人才发展的主导性。人才发展的主导性主要表现在发展之中，人才的可持续性需要依据社会、企业未来的发展方向而发挥其功能。同时，人才工作的最终成效也需要通过未来发展得到检验。

(3) 人才价值的增加性。人才价值的增加主要是通过不断培训，使人才获得符合时代发展的知识与能力，将人才资源与人力资源相比照，人才创造价值的能力是高质量与高速度并行的。

(4) 人才建设的动态统一性。在人才的发展过程中，要注重人才的可持续发展与社会发展趋势相一致，同时也要处理好在发展过程中的高峰与低谷、成功与失败之间的关系，在处理好相应关系后也要避免短期行为的出现，科学地解决主要矛盾，不断地促进社会的发展。

创新型人才是现阶段我国发展的中坚力量，创新型人才的发展关系到我国科学技术发展的持续性与延展性，依据双因素激励理论，对于创新型人才的激励主要是提高其对工作的喜爱程度并从工作中得到快乐，因而就需要企事业单位能够正确判断其研究兴趣，增强其工作的趣味性，及时认可其成就，使创新型人才的责任感增强，使其体会到生命的价值，让他们将工作视为一种乐趣，进而迸发出更多的创新思想，增强其持续创新能力。

综上所述，培养卓越的会计人才需要保证人才资源的可再生性，保证源源不断的会计人才加入队伍，且其有发展的意愿，并通过不断的培训达到卓越会计人员的层次，最主要的是在培养卓越的会计人才的同时要与社会发展相吻合。

3.2.2　高等院校素质教育理论

素质教育是 20 世纪 80 年代基础教育的一种新的教育观，是对传统的应试教育进行改进，并经过十余年的发展而逐渐形成的。由于广大教育工作者对该理论的积极探索与实践，进而促进了高等院校素质教育的实施。素质教育是建立在一系列的理论基础之上的，如马克思主义哲学基础、心理学基础、未来学基础、人才学基础和社会学基础等。

素质属于本性，包括先天基础也包括后天的修养，素质教育是将教学与素质相结合的对学生的教育方式，具有发展性、主体性、全面性等特点。从人的全面发展理论视角出发，素质教育是以提高人的素质与可持续发展作为重点而进行的全面教育。为了培养卓越的会计人才，需要注意以下五点。

（1）教育理念的创新是实行素质教育的基础性前提。我国高等院校应逐步从应试教育过渡到创新教育上来，使得教育模式能适应知识经济时代的需要，教学方式适应信息技术等现代技术的发展，同时倡导引导式教学、启发式教学，充分调动学生的积极性和主动性，注重学生解决问题的能力和创新精神的培养，并加强人文素质教育。在我国传统教学模式中，重视理工科等技术性教育，轻视人文社科教育，这虽然和当时的时代要求相适应，但与知识经济时代的素质教育已经产生冲突。由于全社会的基础文明问题已成为制约社会与经济发展的重要因素，因此加强人文素质教育也刻不容缓。

（2）良好的教学环境为大学生素质教育的发展提供了基础平台。在我国大学内部，教学环境可分为两个方面：硬件环境和软件环境，两者相辅相成、相互协调、相互促进，共同形成一个有机的整体，为素质教育的开展营造了一个适宜的氛围。硬件环境建设主要包括图书馆建设、后勤管理、教学设备配备和更新、校园网络建设等，其中以图书馆建设为首要内容；软件环境建设包括校园文化建设、师资配备、教学手段与方法的革新、学术风气的培育、社会实践活动的引导，以及其他相关的管理体制等，其中以校园文化建设为首要内容。高校的图书馆作为传播知识的媒介，是科研与创新的场所。校园文化作为高校改革的助推力，也是常规教育的补充。素质教育的推进离不开健康的校园文化，校园文化也为素质教育的开展提供了良好的氛围。

（3）课程体系的设置直接反映了教育的目的和教学的目标，是提高教学质量的中心环节。课程体系的设置应具有科学性、合理性、时代性。科学性反映了课程设置要遵从一定的教学规律，基础课、专业课及辅修课的教学课时量要进行合理的配备；合理性反映了课程设置的深度与广度要与高等院校的师资力量相适应，既能够充分挖掘师资的潜力，又能避免高校人力资源的浪费；时代性反映了课程设置要与社会需求相适应，课程的内容、结构与重点要反映出社会需求的变化趋势。我国高等院校的课程设置存在一定的僵化性，对外界的变化缺乏灵敏的反应，不能做到因时因势而调整，在一定程度上阻碍了大学生素质教育的开展。课程结构的设置既是一门科学，也是一门艺术，是科学和艺术的有机结合，从一个侧面反映了高等院校的教学实力和发展潜力。

（4）教学方式也就是高校教师向学生进行知识传输的形式，是完成教学目标、实现教学目的的基本途径。教学方式的效率既体现了教师个体的教学能力，也体现了高等院校的整体教学水平。现代教学理论认为，教师教学活动的主要目标仍然是向学生传授知识，但传输方式不再局限于知识的单向灌输，而在于在知识的传授活动中充分挖掘学生的潜力和智能。高等院校中大学生的创造能力、创造思维和创造精神也只能在教学活动中进行培养。因此，为了尽快实现教师的教学能力由知识型向智能型的转变、实现教师的教学方式由填鸭型向激励型转变，高等院校应该鼓励教师大胆地进行创新型的教学实践，改善学校教学管理中一些不利于教师智能发展的制度。

（5）现代科技的迅猛发展，尤其是互联网技术的日新月异，不仅促进了世界经济的繁荣，也大大改变了人们的生活方式。互联网既传播信息和知识，也传播观念和思想，不仅改变了人们的生活方式、冲击人们的头脑，也直接塑造了人们的价值观、世界观和人生观。大学生作为一个庞大的群体，在从互联网上获取有益信息的同时，也容易受到许多不良信息的侵害。互联网所构筑的“网络社会”给大学生的思想政治教育工作带来了新的挑战。因此，网络素养教育的核心是要求高等院校诱导学生合理地识别、获取、运用网络信息，在正确地培养新时代的思想观念的同时，坚决摒弃不良意识形态的冲击。

总而言之，卓越会计人才培养的首要任务在于高等院校如何在高等教育阶段进行有效的教育，使经过高等教育之后的毕业生适应社会发展需求。对学生进行素质教育是当代中国教育需要真正落到实处的关键任务。

3.2.3 产学结合理论

产学结合是将生产劳动与教育相结合，该思想起源于文艺复兴后的资本主义萌芽和发展时期，教育思想家托马斯·莫尔、卢梭、裴斯泰洛齐等提出了生产劳动的教育意义，认为应将教育和生产劳动相结合作为人的全面发展的手段，但没有对产学结合理论进行仔细的诠释。在历史唯物主义的基础上，伟大的革命导师马克思现代教育思想对此给予了科学的解释，形成教育与生产劳动相结合的科学理论，奠定了理论基础。

生产劳动与教育的结合主要是指人类社会发展到一定阶段，两者出现相互关系的一种状态。在新时代发展的社会，这种状态表现为：在生产劳动过程与教育过程中，虽然两者在形式上是相互分离的，但其内在却又有着密不可分的联系，且不以人的意志为转移，因此在培养卓越会计人才时需要做到以下三点。

（1）卓越会计人才的培养要重视对技术的研究，包括技术的开发、转化、应用以及培训，卓越会计人才是否需要从事科研工作是一个具有争议的议题。如果需要从事科研工作，首先需要注意技术研究，关注技术在生产中的应用价值，同时也要为生产能力的提高而进行相应的技术研究，不能为了呈现研究成果而进行研究。具体而言就是应用性要先于学术性，值得注意的是，技术研发的发展不仅体现了卓越会计人才的能力与质量，还是整体学术水平提高的表现。

（2）卓越会计人才培养必须重视“社会服务”职能。卓越会计人才培养主要是不同领域的产学研结合，产学研结合不仅是提升教学和研究能力的手段，也是高校教育的主要目标。在一定程度上，卓越会计人才培养应该具有适度市场化的特点，既要与社会“不离不弃”，也要适当“重即轻离”。

(3) 卓越会计人才培养必须重视“创业型反应”。首先要顺应社会发展的需要，对多元化、多样性的市场做出适应的选择，因此，卓越会计人才培养要重视市场的变化，不断满足市场的需要，实现向“创业型”的转变，同时也要积极寻求和实现使管理制度、组织架构、会计专业建设、精神理念等与服务社会(产学研结合) 协调一致的内部变革，而不能坐等外部环境的改善。同时，伯顿·克拉克认为这种反应为“创业型反应”，并认为：收入多元化以增加自由处理的经费并减少对政府的依赖(自治)；发展传统的系以外的单位以引进新的思想观念和运作方式 (产学研结合)；使各系部在加强学术研究和教学的同时主动筹集资金以加强自身 (面向社会的教学与科研)。

3.3　相关理论

3.3.1　人力资本理论

人力资本理论最早起源于经济学研究，美国经济学家舒尔茨是公认的人力资本理论的开拓者，他于 20 世纪 60 年代创立了人力资本理论，开辟了关于人类生产能力的崭新思路，并于 1979 年获得诺贝尔奖。舒尔茨在其论著《人力资本投资：教育和研究的作用》一书中认为物质资本指物质产品上的资本，包括厂房、机器、设备、原材料、土地、货币和其他有价证券等；人力资本则是体现在人身上的资本，即对生产者进行教育、职业培训等支出及其在接受教育时的机会成本等的总和，表现为蕴含于人身上的各种生产知识、劳动与管理技能以及健康素质的存量总和。人力资本内涵结构见图 3.2。

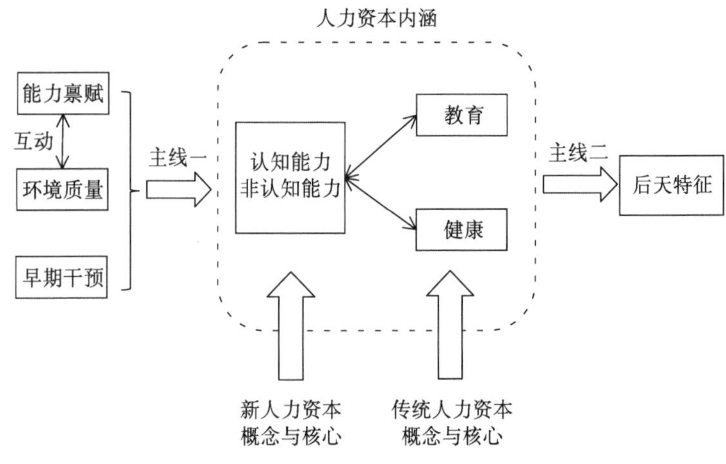

图 3.2　人力资本内涵结构

人力资源理论的主要创新点包括：一是将人的健康、技能与知识等看成为一个资本形态，这也是人力资本理论的核心部分；二是人力资本的机制是靠后天形成的，他认为人的才能有先天与后天之分，两者是有区别的，人的价值主要是通过后天的学习与自身的努力形成的；三是对人力资本的投资在一定程度上是一种生产性投资。

人力资本理论是一个完整的研究框架，它的理论主要包括：

(1) 人力资源是最宝贵的资源，构成了现代管理理论的核心，体现了现代社会以人为本的理念。在新时代理念下社会经济的不断增长，人力资本的作用远远大于实物资本。舒尔茨认为人力资本与实物资本投资的收益率是有相互关系的，人力资本与实物资本相对投资量主要是由收益率决定的。若收益率高，则投资不足，应追加投资；若收益率低，则投资量过多，应减少投资。当人力资本与实物资本二者间投资收益率相等时，就是二者最佳投资比例。

（2）在各个生产要素之间，人力资本发挥着相互替代与补充的作用，单纯依靠自然资源与体力劳动已经不能满足现代经济的发展，在生产过程中不断提高劳动者的智力水平已经迫在眉睫，增加脑力劳动的占有率，从而代替原有生产要素，由此可知，教育所形成的人力资本在经济的高质量发展过程中会替代更多的生产要素。

（3）教育的发展可以促进个人收入分配的公正公平，人力资源在一定程度上促进了经济的正常发展，增加了个人收入，减少了社会分配不平等现象的发生。舒尔茨认为个人收入的增长和个人收入差别缩小的根本原因是人们受教育水平普遍提高，是人力资本投资的结果。

卓越的会计人员作为人力资本，在现代经济的发展中起到不可或缺的作用，因此对于卓越会计人员的培养迫在眉睫。

3.3.2　能力本教育观

在美国与加拿大，能力本教育观得到了较高的重视，它始于第二次世界大战后，主要是指学校聘请行业中的专家组成相应的专家组，按照职位的需要进行分解，明确该行业应该具备的能力，确定相应的培养目标，简而言之就是依据职位，确定相应的能力目标。然后，由学校的教学人员，依据所指定的能力作为培养目标，设置与之相关的课程内容，进而考核是否能够达到能力要求。

能力本教育观主要是强调能力的重要性，将能力视为教学的基础，对于新入学人员的原有经验能力进行考察考核后进行认定与承认。同时，该观念也强调科学管理的严格性以及办学形式的灵活多样。在招收学生的过程中，本着“随时，随地”的原则，对不同程度的学生按照自身的情况决定其学习的时间与方式，课程时间可以不同，毕业时间也不尽相同，从而打破传统教学体系，以职位所需要的能力作为培养的核心，保证职业能力培养的目标可以顺利进行。

在现阶段的职业教育领域，能力本教育观得到了大规模采用，以培养具有胜任特定职业相应能力为目标，是能力为本的教育思路。能力本位教育观可以说是一种以培养学生职业能力为主，在教授专业技能的同时，也教授胜任职业其他方面的能力，以“立足于职业、服务于职业”为原则。同时，为顺应职业能力的需要，形成“职业—能力—技能—知识”的教育思维，在新时代向“高质量”转变的过程中，在培养卓越会计人才时应更加重视能力的培养。

3.3.3 人本主义理论

人本教育，即以人为本的教育。在哲学上，人本通常与神本、物本相对而言。神本教育就是将神性得到全面的发展，要“教人从心灵上认识、热爱、赞美、信仰和服从上帝”，人的各种需求并不在教育的范围内，相对于儒家文化中的“不语怪力乱神”“未能事人，焉能事鬼”和对鬼神“存而不论”等理性实践的导向下，我国教育并未显示出受到神本教育的不利影响。在以物为本的领域中，社会发展所需要的政治与经济的需求，可能体现在相关的知识与技能中。然而，人的发展则是要顺应社会发展和政治与经济发展的需要，因而，在以物为本的教育中，“物”可能是政治、经济、技能、知识等，但是这些有一个共同的特征，就是教育并非是人的发展的核心，换句话说，神本教育亦或是物本教育，但不是以人为本，教育并不是依附于人的发展，而成为追名逐利或是政治斗争的媒介。然而，人本教育的理念则是强调人的发展，无论是教育的体制、内容还是方式都是以促进人的发展为主要内容，自然，人的神性追求在教育中也占据了一定的份额，但不能视为教育的全部，否则会使教育走向歧途，这是由于人的发展具有多样性，并不能简单地归为一种而是上述方面的统一整体。因此，人本教育并不是全面否定人的神性，而是在神性的基础上更好地促进人的发展，使发展更加协调、更加全面，从而为社会提供强有力的人才支撑。

随着社会不断发展，国家提出将“高速度”发展向“高质量”发展，每个人都在追求实现自身的价值，追求真、善、美等本性，使自己符合共有的道德标准与价值，教育的主要目的也是在于提高自身的潜在能力与价值，保证人们的自我实现，因此，卓越会计人才的培养不仅要为经济社会发展服务也要为教育者的生存发展负责，使会计人才在真正成为职业者的同时，也可以学会生存与发展。

第4章 会计人才培养过程中存在的问题与成因分析

4.1 会计人才培养存在的问题

4.1.1 会计人才培养同质化严重

高等院校对人才培养所制定的目标在一定程度上体现高等教育对于培养人才方面的具体要求，制定合理的人才培养目标有利于明确高等院校的办学主要指导思想，进而能够提升其核心的竞争优势，然而，现阶段各大高校所开设的会计学专业，其知识结构以“宽口径厚基础”为主，缺少个性化与专门化，导致在目标的设定上各大高校出现“同质化”问题，并且该问题趋于普遍并极其严重，使得各层次高校在对于会计人才培养的类型、规格以及层次上的区分度较弱，教学理念、方法与课程设置角度缺少个性化的特色。

高等学校对于培养人才目标的确定在一定程度上可以理解为对于相关专业的市场定位，也是国家所制定的教育目的在各大高校的具体表现，体现了学校的办学特色，社会上对于人才的要求是多层次、多方面的，教育目标以及人才的定位在不同层次是不同的，即使会计人员的需求量在不同层次中都较多，但是对于具体实际工作而言，不同行业对会计人员的要求是不同的。就目前而言，一方面，具有专业化、责任心强的应用型会计人才在外资企业与民营企业的需求量较大，另一方面，高素质、有国际水平的高级会计人才则是全球经济一体化背景下所急需的。由于对人才的要求不同，会计人才培养目标也会有所差异，可是现阶段，院校在制定目标的同时没有针对相应的市场需求，致使就业导向模糊。我们的观点是，即使都是在培养会计学本科专业人才，但是由于师资、教学设备以及相关的办学特色等不同，各大学院所制定的目标也会有所不同。从现阶段看，缺乏合理市场定位是主要问题，这也导致了供给与需求之间的不平衡，同时，人才之间界限模糊，对于学生就业而言，会出现“瓶颈”的现象，学校在培养会计人才时缺少充分的调查，从本次的调查分析可以看出，教师主要是希望培养“复合型人才”，学生希望成为“高级专门人才”，对于用人单位来说，需要的是“应用型人才”。由此可以看出目标定位的模糊使得三者的目标定位不同，这也会使会计人员的整体素质受到影响，所培养的人才与实际需求脱节。

4.1.2　会计人才培养模式没有形成系统的体系

现阶段，高校所开设的会计科目都是传统科目，由于课程划分过细，课程局限于一般会计科目、专业知识是否重点划分不清，知识基础薄弱，知识面窄。不合理的课程体系主要缘于课时比例不协调，主要体现在基础课程与专业课程之间、相关专业课程之间、理论与实践之间的不合理，以上方面使得学生的实践能力较弱。同时，教师的教学方式固守成规，课堂活跃度较低。国内较为注重理论知识的教学，而国外则以实践教学为主，更多体现"专业人才教育"模式。此外，过于注重理论知识教学，忽视实践教学，会计实践教学在学院教学课程体系中只占一小部分，达不到教学的目标。课程体系在设置方面过细过窄，设置课程较多，占整个体系较大份额。综上所述，会计课程缺乏实践部分是不利于会计人才培养的。

4.1.3 会计人才培养基础知识体系较为简单

当前，会计毕业生的专业知识结构仍然不能满足企业发展的需要。首先，专业基础知识掌握不牢固。学生进入企业时，连最基础的支票都不知道如何填写，账簿记录不规范，凭证装订不规范，这些都可以反映出教学中的欠缺，也能体现学生对基础知识的掌握欠佳。其次，难以灵活应用所学知识。对于会计专业而言，教材都是以相关的会计准则、会计要素的确认、计量、记录、报告为主，然而不同企业面临市场环境不同、背景不同，准则的规定需要进行具体化的分析，对此，鲜有学生能够将理论与实践进行很好的结合，对于出现的新问题，表现茫然，这也在一定程度上可以看出在本科教学时，学生只追求分数，忽略实践的学习；最后，知识面较窄，由于经济高速发展，企业之间兼并、重组等现象较多，企业的会计问题也并不纯粹，在某些业务上也涉及管理学、经济学、法学等学科，在实际的工作中，学生并不能将其所学有机结合，无法完成复杂的工作。

4.1.4　会计人才培养专业能力训练不到位

（1）过分注重会计知识的灌输，并没有分析中外经济文化存在的差异。会计学具有其特殊性。一是会计需要技术的支撑，就业人员需要通过数据与资料来对经济事件产生客观理智的判断与分析。二是会计工作的正常进行，需要与法律、文化、社交进行紧密结合，因此文化、经济的差异性会对会计教学产生不同程度的影响，在教学过程中必须对不同地区和国家的会计学加以区分，这样才能促进学术知识的融合。例如，部分高校在开设会计课程时遵照的是欧美的模式，但是在教学时并没有批判地吸收其中的思想，也没有融入本土的社会人文与经济发展现状进行教学。较为常见的现象是专业课教学未对教学内容进行区分，教师在叙述案例时引入的都是发生国的经济发展现状，涉及的也是当地的人文与社会背景，并没有从我国的社会背景入手加以区分，从而拓展学生的知识范围。

（2）过分依赖教程的要求，忽视了国内会计学的学术知识。很多高校在开设有关课程、教授准则时都未按照国家的不同进行差异化教学，中国传统的教学手段与西方也存在较大的区别，使得会计教学陷入一种尴尬的局面。

（3）并未深入了解国际化、职业化会计教育的本质及客观规律。我国部分院校以与国际化、职业化接轨为目的，对人才进行有针对性的定位培养，在此基础上对原有的专业课程进行重设，并改变了教学培养的方案、课程结构与实践教学方式等多个方面。但是，诸多高校却将国际会计资格证书作为人才考核的标准，在课程教授时也围绕着此目标，忽视了国际化、职业化教学的本质，没有注重学生理论知识的培养与学习方式的传授，与传统的“应试教育”其实并无区别，使得学生不具有创新思维与自我学习的技能。

（4）缺少国际化教学师资力量。目前高校在教师启用上仍然选用国内教师，国际化、职业化会计人才的培养不能缺少具有国际化应用型教育理念的教师，只有这样才能深入发掘教育的内涵，突破原有的教学模式。

（5）教育模式过于单一。部分高校未从社会、市场的需求出发对会计专业人才进行培养是目前我国会计学教育存在的不足之一。首先，高校并未丰富实践教学的内容与环节，缺少与实践部门的沟通与交流，也没有根据经济的发展现状进行具体的研究与探讨，案例教学也缺乏活性，没有强化原有的实践教学管理评价机制，学生对于理论知识的掌握程度较高，对于现实案例的分析能力却不能得到有效提高。其次，用人单位对于人才的需求是多样性的，不仅要求员工的专业素养，也要求其具有高素质以及优秀的品质，但目前高校并未对学生的职业道德素养的培养加以重视，虽然部分高校已经开始认识到职业价值、道德素质等培养的重要性，但是在课程设置上仍未找到合适的途径。

4.1.5 会计人才培养综合能力训练不全面

近年来，国内各大学校和学院都是基于“学习领域”“宽基础、活模块”等课程模式，试图改变传统的学科性课程体系的主干，并取得了课程改革的丰硕成果。但是，专业的课程体系设置实质上并未改变学科性课程模式，大多数院校会计专业的课程设置趋同化，基础会计、财务会计、成本会计、管理会计、税务会计、财务管理、审计学等专业课程成为课程体系的主要部分，每个院校的课程开设并没有多大不同，缺乏学校自身特色，缺乏自身的创新。虽然有的院校采用了模块式教学，但只是改变了会计课程的形式，实质上没有本质差别，不能突出学校的特点，也不能适应不断发展的会计人才市场。

4.1.6　会计人才培养素质能力培养表面化

地方性高校均存在这样的现象：会计学专业学生一入学即固定在专业内，专业课划分较细。会计学专业课程讲授顺序基本是基于概念—理论—会计要素核算这三个部分展开，这意味着学生思维训练主要还是以演绎推理为主。演绎推理是一种前提与结论之间具有必然联系的推理，其主要功能在于验证结论而不是发现结论。许多教师授课思维基本上是演绎法，这一学习思维方式的优势是学生基础知识扎实、基本技能熟练，但不足是将导致多数学生学习思维单一，综合性分析能力、适应能力不强。据用人单位反映，地方性高校毕业学生工作初期能较快进入工作状态，但是工作后劲不足，自身提升空间有限，工作思维不能走得更远、更高。这就意味着“演绎推理”思维方式培养的学生在未来中长期工作中会产生“瓶颈”，创新能力不足。

4.2　会计人才培养过程中存在问题的成因分析

4.2.1　人才培养观念不足

（1）增强国际化教学观。教师必须顺应国际会计的发展趋势，以国际标准指导他们的教育实践。对于会计师来说，拥有广泛的国际视野是非常重要的。教师应始终把握国际会计准则，从国际角度审视专业领域的发展，注重培养学生的国际视野和处理各种国际事务的能力。

（2）强化能力观。教师要以能力为教育教学的价值取向，注重引导学生将理论知识具体贯彻到实践当中，或者将所学专业技能全部用于岗位工作，提高会计实务能力。

(3) 秉承实践观。培养优秀的会计人才的关键是造就一批具有较强实践能力的会计人才。大学应重视实践教学，教师应重视理论教学与实践相结合。

(4) 培育创新观。对于会计人员的培训，创新精神的培养是非常重要的。优秀的会计人员需要会计能力的可持续发展，这意味着只有综合素质的提高是不够的，必须具有创新精神。

(5) 树立协同观。由于不同层次会计人员的培训目标不同，为了实现这些目标，不仅需要更多的单位，如协同训练实践教学基地、科研平台、高校之间的国际合作，还需要在训练过程中，教师以学生为中心，以其他合作培训单位为补充。

(6) 深化质量观。学校和教师应重视人才培养的质量，不仅要培养训练有素的会计人员，以适应市场和各行各业的会计需要，还要建立质量标准，对会计人员的素质进行动态监测和评价。上述六个理念贯穿培训内容、实施方式和保障措施，并有相应的反馈机制。这些反馈机制的相互作用和影响构成了优秀会计人员的培训体系。

4.2.2 创新人才培养方式不对

人才培养模式是实现人才培养目标的手段。根据优秀会计人才培养目标的多层次性、学生特点的多样性和培养方案的要求，高校应采取灵活多样的培养模式。

(1) 创新学习和培训方法。对学生思维能力的培养，要通过人文素质教育的交流与合作、通过课堂学习以及在学年实习基地三年的实践，学生在学术和职业教师和导师的指导下获得会计职业资格（执业）相应的知识和能力。

（2）重视双语教学和国际交流。在课程设置上，部分课程被指定为双语教学，鼓励教师承担双语教学任务，部分优秀双语教师承担教学任务，积极派遣青年教师参与双语教学和培训，提高双语教学水平。此外，通过举办国际研讨会，加强与国际合作学校的校际合作，我们将共同成立项目如 ACCA、CIMA、CGA，并鼓励教师在高水平大学访问，从而提升国际大学教师交流水平。

（3）创新实践教学。在会计师事务所实践基地建设工业企业和机构，并设立专门的实践项目，寒暑假送学生去会计实践基地；引导会计从业人员开设会计实务的学术沙龙，了解我国上市公司财务总监处理问题的方法，从不同的角度引导学生处理实践中存在的问题；执行具体会计问题的移动课堂，带孩子们去看企业会计人员的会计处理，并邀请财务负责人进行讲解，让学生在这个过程中提出自己的建议。通过以上实践教学环节，能显著提高学生的实践能力。

（4）开展创新创业教育。创新基金的设立、风险投资基金和创业孵化器都支持大学生创业项目的建立；组织和鼓励学生参加挑战杯大赛、案例大赛等活动，以提高学生的创新精神和创业意识；加强校企合作的深度，包括媒体和商业机构、各种类型的非营利组织、会计师事务所和其他学科的研究联盟，以及联盟单位任用实践经验丰富的会计人员作为学生的职业导师，为学生提供职业规划指导和实习机会；提高人才培养质量，把学生的专业技能与行业或企业的需要结合起来，努力提高毕业生的就业率，提高学校实践教学和职业工作的一致性，同时也要注意实践教学内容和专业技术，以及质量评估。

4.2.3 人才培养机制不完善

对会计人员进行良好的培训是最重要的，学校应积极探索办学模式，与国外机构合作建立合资企业。程安琳、王挺和刘佳丽认为，优秀的会计人才培养机制主要包括三个方面，即培训管理机制、合作机制和保障激励机制。

4.2.4 课程体系构建不合理

在人才培养目标的指导下，高校应不断创新和改革传统优秀会计人才培养理念的课程体系。一方面，高校需要重构优秀会计人才培养的理论课程体系。一是建立科学的、以教育为导向的课程模块。优秀的会计人员不仅要具备专业理论知识和职业技能，还要学会科学地分析问题。因此，我们应该增加开设科学的课程，如西方哲学和计量经济学。二是构建以专业教育为核心的课程模块。优秀的会计人员应具备较强的业务技能和良好的基本素质，而良好的专业理论学习和技能培训是培养优秀会计人员的保证。高校应将审计、管理会计、成本会计、中高级财务会计、会计电算化等专业课程纳入课程体系。另一方面，我们需要设计一套能提高优秀会计人员业务能力的课程体系。一是构建以执业资格认证为中心的课程模块教学内容。优秀会计人才的重要标志之一是会计人员应具有较高的会计职业资格，因此，应将国内或国际会计职业资格的培训加入优秀会计人才培养的课程体系之中，设计会计职业资格认证模块。二是在课程模块中嵌入实践能力课程。优秀的会计人才要注重实践能力的培养，这要求会计人才培养方案中的部分学分要对应具体环节设置实践教学并配备导师等，提高学生的会计理论和实践能力。经济全球化和会计准则的国际趋同对会计人员培训提出了更高的要求，高校应重视培养应用型、复合型和国际化的优秀会计人员，重点探索会计人才培养模式的优点，建立会计人员的培训课程体系和评价体系，为适应经济全球化和社会发展的要求，培养出一批优质的会计人才。

4.2.5　缺乏系统的会计人才甄别与选拔体系

由于对优秀会计人才概念的认识模糊，在选择优秀会计人才时往往是基于经验判断或个人偏好，缺乏系统性、客观性和科学性。

要培养优秀会计人才，先要创新优秀会计人才的理念。坚持因材施教，以人为本，以能力培养为核心，在学科前沿、行业前沿和国际视野培养的基础上实施新的优秀会计人才观。因材施教的理念要求不同的培养目标、培养标准和培养方案，针对不同层次的培养对象，最大限度地提高学生的素质和水平。以人为本注重对学生知识的传授，并培养学生的综合人文素质和职业道德；以培养能力为核心，旨在提高会计人才基本技能和专业技能的能力，培养优秀会计人员的领导能力。基于前沿，卓越的会计人员将从一般会计人员中脱颖而出，位居世界前列。培养优秀的国际化会计人才需要在人才培养的目标和计划、课程设置、教学设计等方面与国际接轨。

培养优秀人才是会计人才培养和选拔优秀人才的前提。根据早期选拔和早期培训的理念，高校应探索优秀的会计人才选拔流程，充分利用招生宣传和自主招生的机会，提前启动优秀的会计人才选拔过程。要研究制度化、科学化的人才选拔制度，充分利用丰富的学生资源进行试点、跟踪和反馈，逐步形成和完善优秀的会计人员选拔机制。优秀的会计人才应有参加夏令营的机会，了解会计行业的发展，也更有利于大学生会计职业兴趣的培养。

同时，高校可以在夏令营活动中了解学生的能力素质，并对学生进行潜能测试，更有利于培养高质量的学生，还可以利用先进的网络资源对会计专业感兴趣的学生进行在线课程教学，通过电子邮件、在线虚拟教室、MU类等来对学生提供教学、指导，了解学习的情况，对学生的能力进行评价，依据考核的结果选择出优秀的会计人才。

4.2.6 缺乏对人才培养体系的创新

培养优秀的会计人才是一项新的研究课题，人们对自己的特点和内在规律并没有充分地了解，仍然需要进一步研究、探索和实践。

与优秀会计人员的基本素质和创新应用能力的特点相比较，对现有会计专业的培养目标和培养模式进行调整、修订和完善，充分利用现有资源，通过“项目组”和“工作室”“优秀班级”和其他形式的“双导师制”的引入，引导学生树立远大理想，拓宽学生的视野，挖掘学生的潜力，实现优秀会计人才培养的目标。

建立科学合理的课程体系是实现优秀会计人才培养目标和实施优秀会计人才培养计划的基础性工作。根据优秀会计人才的素质要求，高校不断更新实践教学内容，建立结构化、模块化、多样化的课程体系，加强会计专业知识，综合技能的教学，培养学生人文学科的知识，拓宽学生经济、管理、金融、税收等方面的知识，注重核心价值观、道德价值观、择业观念的培养，加强课程信息技术和数学分析工具的学习。在理论课学习的基础上，整合创新性、综合性、实践性教学内容，提高优秀会计人员的实践能力和创新能力。

优秀会计人才的培养在很大程度上取决于高素质、高水平的教师队伍，以实现资源的强大整合和资源的优化配置。建设一支学术结构、职称结构、年龄结构合理的师资队伍，是培养优秀会计人才的有力支撑。通过引进高层次人才来调整教学结构和整体水平，利用企业和机构兼职等方式提高教师的学术水平和实践能力，鼓励教师开展国际学术交流活动，提高教学的国际化水平，从而扎实掌握会计专业技能，丰富会计理论知识，掌握国内外会计准则的发展趋势，熟悉国内宏观形势与优秀会计人才发展的新方向。

4.2.7　缺乏检验会计人才培养效果的评价体系和机制

人才素质评价对人才培养有着深远的影响。第一，高校应为每个会计学生建立“终身培训平衡计分卡”，在毕业后进行专业知识的继续学习、定期考核和信息跟踪，并提出改进措施。第二，要严格控制人才培养质量，所有会计毕业生都必须在理论和实践课程考试合格的前提下获得毕业学位。第三、逐步完善相关制度和专业会计师的评价机制，从理论知识、专业技能、综合能力、未来发展等方面综合成一个新的评价系统。第四，注重测试会计人员的知识水平，逐步完善考核内容和现有的检查方法。

在一定时间内，优秀会计人员培训的成果将会体现出来。然而，我国现行的评价体系和评价机制主要集中于短期评价，无论是对学生的评价，还是对教师的评价，以及对整个人才培养体系的评价，都是短期性质的评价，这显然不符合培养优秀会计人才的目标。

第5章 卓越会计人才培养目标理论与能力框架分析

5.1 卓越会计人才的基本素质及培养目标

5.1.1 卓越会计人才的需求分析

（1）经济环境国际化导致卓越会计人才培养的需求。知识经济时代是继农业时代、工业时代后人类历史发展的第三个阶段，整个社会的物质文化生活进入了全新的时期，人们的生活、工作方式有了根本的改变。作为人类探索文明的主要活动，教育也同样进行着一场革命，为适应这一趋势，会计教学也应面向世界，培养适应全球化和具备全球战略视野的优秀的国际竞争型会计人才，但当前我国卓越会计人才无论在数量上，还是在质量上都无法满足社会经济发展的要求，因此努力培养和造就大批高素质的卓越会计人才已迫在眉睫。

（2）会计国际化导致卓越会计人才培养的需求。会计国际化是一个非常宽泛的概念，学术界和理论界都认为会计国际化包括会计准则国际化和会计实务国际化，二者并驾齐驱走向国际世界，同时学者建议还应包括会计组织的国际化。会计国际化有多种形式，如会计一体化、会计协调、会计规范化、会计趋同等。外国学者曾提出会计国际化的过程是“比较—协调—标准化—统一化”。

会计国际化是经济全球化的一个组成部分，各国政府、国际会计组织等都在积极推进会计国际化的进程。以国际会计准则理事会为主体，各国政府和各国会计组织构成了会计国际化的主体，特别在地区经济组织越来越多的大背景下，我们不仅面临着参与会计准则国际化，还面临着如何参与会计准则的问题。

（3）高端会计人才缺乏导致卓越会计人才培养的需求。目前，中国急需一大批高素质、复合型高端会计人才，急需善于经营，熟悉市场规则和国际惯例，具有国际视野和战略思维的卓越会计人才。从院校层面来看，培养高素质会计人才将成为高校会计人才培养模式的突破口，在人才培养目标、课程设置、教学方法、就业平台方面，为所有的学生提供专业的同等待遇，让学生充分发挥自己的专业知识，培养具有国际视野、创新精神、冒险精神和应用导向的优秀会计人才。

5.1.2　卓越会计人才的基本素质

根据教育部下发的卓越人才培养计划的有关文件所传达的内容，卓越会计人才的基本素质可总结为以下四个有代表性的特征。

（1）责任感。责任感是一种想对分内分外所有事情主动施以积极有益作用的一种心情和进取精神，是个人对于责任所产生的主观意识。有正确的人生价值观和较强社会责任感的人，往往对自己的生活和工作都有明确的规划，生活态度积极乐观，工作认真严谨，敢于直面挫折与挑战，善于与他人交流合作，待人真诚，勤劳能干。责任感的形成和增强，除了受到意识形态、家庭和社会环境的影响外，主要靠教育来完成，也包含自我教育。

（2）创新性。卓越会计人才要能够适应当前社会经济环境的高速发展与会计职业环境的不断变动，对工作中产生的难题要能够提出新思路和新办法，并能够将其付诸实践，取得预期的效果。

（3）应用性。卓越会计人才要有较强的实践应用能力，能运用掌握的知识迅速解决实际工作中产生的问题，能够快速适应复杂多变的工作环境，适应多种岗位的业务需要。为了达到这个目标，必须加强校企间的合作，高校与企业之间应该建立起人才联合培养机制，共同确定会计人才的培养目标，建设符合现实需求的课程体系和教学内容，共同参与培养过程，增加学生到校外实习的机会、共同考核培养效果。

（4）国际化。卓越会计人才除了要具备国际沟通能力之外，还需有前瞻性的国际视野，熟悉国际市场规则、惯例，熟悉国际会计、审计方面的方针、政策、法规和标准，具备在跨文化环境下合作与竞争的基本能力。

5.1.3 卓越会计人才的培养目标

卓越会计人才培养目标是确定培养什么样的会计人才的问题，只有明确培养目标，才能决定所培养的会计人才应具备什么样的能力与素质，才能实现这一目标，在此基础上，才能设置、开发相应的课程体系，并通过教学环节使学生具备这些能力素质，从而更好地贯彻落实卓越会计人才培养方案。会计人才培养目标要与当前社会、经济和科学技术的发展方向相一致，要满足新时代会计全球化趋势和社会经济发展对卓越会计人才的需求。

由于会计国际化程度不断加深且我国当前经济水平和社会的持续发展和进步，我国卓越会计人才的培养目标可定位为：培养具有扎实的专业理论知识、了解学科前沿信息，具备较强的实践应用能力，具有创新精神和团队合作能力，知识体系、道德素质、专业能力全面发展，具有国际视野和跨文化交流能力，追求持续学习和强大发展后劲的国际化、复合型、应用型、创新型高素质会计人才。在以上卓越会计人才培养目标中，特别强调了对“知识—能力—素养”的全面提升。其中，知识体系包括系统的通识知识与专业知识；能力架构包括以创新思维、意志品质、科学精神等为主的创新能力，以实务操作、分析、管理为主的实践应用能力，以学习能力、适应能力、决策能力等为主的创业能力以及国际化能力等单项特长突出；素养构成包括良好的世界观、人生观和价值观，会思考有思想、具有社会责任感和良好人文素养等。只有知识、能力、素养得到全面提升，才能称为卓越会计人才。

5. 2　卓越会计人才培养目标的影响因素

5. 2. 1　外在影响因素

关于我国卓越会计人才培养现状从外在因素分析可以从国家、学校和企业三方面进行介绍，下面分别从这三个角度进行细致详细的分析。

从国家的角度来看，是长久以来的教育观念形成了这种局面。传统观念中，我们对人才的判定一直依赖于其取得的学历、职称和职务，忽视了这个人真正具备的能力，使众多有真才实学的人才被埋没，我国诸多会计人才也在此列。由于我国人口众多，经济基础薄弱，使得会计教育在师资建设和教学资源供给等方面都有所不足，同时我国经济体制、会计制度等在短期内都发生了较大改变，使得我国现行会计教育远远落后于实际需要，造成我国会计人才培养的落后局面。

从学校的角度来看，在我国高等教育进入大众化教育阶段的背景下，高等院校能否调整自己的办学模式和人才培养方案，为社会提供大量学生和家长认可、企业需要、就业前景良好、创业意识强的高素质应用型人才已经成为判断一所高校质量的标准，因此，加强高等院校办学的社会责任意识，重视对具备实践能力、创业能力、创造能力和就业能力的应用型人才的培养成为各高等院校发展的必然趋势。虽然学校肩负着培养人才的社会使命，但受多种因素的影响，不能很好地贯彻落实一些具体的教育政策和规定，导致学校培养出的学生遇到各方面的问题。

高校培养的卓越会计人才应具备如下三种基本素质：第一，必须具备扎实的会计专业理论功底；第二，必须了解会计实务操作流程，具备优秀的应用能力，能快速适应岗位的业务需要；第三，必须有较高的个人道德素质和职业素养，具有较强的创新能力和创业能力。为实现上述培养目标，高校应尽快调整教育观念及实际教学内容和方法。

从企业的角度来看，企业应该肩负起与学校联合办学的社会责任，增强自身的主人翁意识，深刻意识到企业要想得到健康有序的可持续发展必须引进专业人才，而人才的培养在就业前的阶段主要靠学校教育来完成，因此如何与学校合作来培养专业人才是如今企业应该深刻思考的问题。

5.2.2 内在影响因素

卓越会计人才培养现状的内在因素应从学生自身着手，包括自我认识和自我定位、自身角色转换、知识结构和职业能力、择业观念等方面。目前面临的问题是：第一，学生自我认识和自我定位不明确。第二，角色转换不及时。第三，知识结构和职业能力培养不到位。第四，择业观念不正确。

卓越会计人才的培养包含培养理念的更新梳理、培养目标的确立、培养课程的设置、具体教材的建设、教学方法的创新、教学手段的改进、实践教学的推行、考核评价体系的改进、师资队伍的建设、教育资源投入等诸多方面，并按照外部因素和内部因素进行分析，为后文的研究提供了切入点，为卓越会计人才培养模式的构建奠定了基础。

5.3 卓越会计人才培养能力框架构建

纵观国内外诸多教学培养模式能够发现，重视学生能力和主观意识的培养是发展的总体趋势，是现代教学发展的时代特色，同时也是卓越会计人才培养的根本思路。这是因为随着知识增长速度的加快、终身教育的普及和社会竞争化程度的提高，人才的专业知识能力、创新能力、竞争力等必将越来越受到人们的重视，如何构建有效的人才培养模式是我国目前会计人才培养的当务之急。

5.3.1　卓越会计人才培养模式框架

卓越会计人才培养模式是在国际化、应用型人才的培养理念指导下建立起来的，依据高级会计人才培养目标和培养规格，由完善的课程设置和教材建设，创新的教学方法和手段加以辅助，推行实践教学发展、改进考核评价体系、加强教师队伍建设、加大教育资源投入力度及使用效率等各要素，实现人才培养这一最终目标。从这个角度来看，卓越会计人才培养模式应从目标定位、培养规格及实现路径等诸多方面着手，谋求科学合理、切合现实的科学构建。

纵观国内外的卓越会计人才培养模式都有其自身的特征，主要表现在以下三个层面：一是基础性和前瞻性的统一，即会计人才培养模式的构建是以一定社会发展状况为基础的，同时又必须满足经济社会发展的需要；二是稳定性和灵活性的统一，会计人才培养模式对众多的人才培养教学的形式进行了总结概括，揭示了会计人才培养的普遍规律，同时又要能够适应不断变化的社会情况，随之调整培养目标和内容；三是共性和个性的统一，会计人才培养模式是为了培养满足当前社会经济环境下实际需要的高级会计人才而构建的，其中必然存在共性。但是，各高校的实际教学情况不同，导致各高校确定的会计人才培养目标必定有所差异，造成不同的高校会计人才培养模式也不尽相同，实现了个性与共性的统一。

5.3.2　卓越会计人才培养模式具体构想

(1) 培养理念。作为新型会计教育模式，除了要教会学生学好本学科基础知识以外，更要让学生掌握自主学习、获取知识的能力。我国当前会计教育应在采纳传统教育优势的基础上，推行终身学习的思想，应体现对学生应用能力的重视，进一步完善卓越会计人才的培养模式。

（2）培养目标。培养具有扎实的专业理论知识，了解学科前沿讯息，具备较强的实践应用能力，具有创新精神和团队合作能力，强化知识体系、道德素质、专业能力全面发展，具有国际视野和跨文化交流能力，追求持续学习和强大发展后劲的国际化、复合型、应用型、创新型高素质会计人才。

（3）课程设置。会计人才培养的课程设置应重点关注专业学科知识的系统性和完整性，同时融合国际会计方面的专业知识，并与国际化需求相结合。

（4）教材建设。改变原有教材体系和相关内容，并适当引进国外原版教材，使学生及时掌握会计专业领域的最新动态，并注意信息的及时反馈及关注各国教材变化的新动向。

（5）教学方法。在传统教学方法的基础上推行案例教学法、问题导向教学法、自学与讨论联动式教学法、“一主二翼”教学法等现代教学方法。

（6）教学手段。运用多媒体技术，发展远程教育方式，使卓越会计人才培养的手段多样化。

（7）实践教学。加大校内会计模拟实习实践课程的比重，加强校企间的合作，增加学生到校外实习的经验，同时要加强具有实践经验的教师队伍的建设。

（8）职业素质。会计人才职业素质越来越受到整个社会的广泛关注，其中的重中之重是提高职业道德素质，同时也要提高创新能力和国际竞争力。

（9）师资队伍。关于卓越会计人才培养的师资队伍建设不但要提高教师队伍理论水平，还要提高其实践能力，鼓励教师进行创新活动，积极进行国际化交流的活动，尽早建立理论与实践并重的“双师型”教师队伍。

(10) 资源投入。进一步增加国家财政在教育方面的投入，在教育资源上给予相应的支持，同时还要拓宽教育经费的来源渠道，在保证公办学校教学效果的基础上鼓励部属、省属和民办学校共同发展的多元办学模式。

(11) 考核评价。通过建立评价体系对会计教育水平进行考核，要保证评价内容的全面性，评价指标的系统性，评价结果的恰当性。

(12) 合作办学。一种形式为与国外学校合作办学，一方提供课程和师资，另一方提供场地和教学设施；另一种形式可为互相提供课程与师资，共同培养学生。

随着信息技术的快速发展以及创新型国家战略的提出，我国急需大量善于管理，精于业务，熟悉市场规则，战略思维清晰，具有国际视野，了解国际惯例的复合型、应用型、创新型的高素质会计人才。在世界经济和科学技术日趋国际化的过程中，作为卓越会计人才培养主体的高等教育，其职能将从原来的通过传授知识、开发智力来培养人才，转变为通过科学研究、技术创新来发展科学技术，通过智力输出、科技成果转化来为社会服务，以及通过国际间教育合作、科技研究成果交流等活动承担起增进理解、和平共处、共同发展的使命。

卓越会计人才培养模式构建

6.1　国内外人才培养模式及其评价

6.1.1　国外人才培养模式及其评价

国外教育学在“教师教育”“教师专业化”“师资培养”等优势方向的基础上，设定了定向型、开放型、混合型及大学和小学合作的教育模式。

(1) 美国人才培养模式及其评价。推行人才培养模式的学校多采取单一课程与其他相关学科相融合的模式，以学业与专业相关性为导向构建整个模式框架，既与其他学科有交叉之处，又互相形成一个共同的整体，同时也促使教师进一步提高专业技能。

美国政府在经济竞争日益加剧的情形下推

出了“技术准备计划”，并将其列为教育发展指导方针，各州和地方教育部门以该指导方针为原则，各州因地制宜设计出自己的方案。其中，美国的人才培养模式在评价机制上更为合理，理论基础与实践教学也联系得更为紧密。

由于联邦政府对高等教育没有权力进行直接干涉，只能对高等教育进行投资，所以其经费多源于企业资助。在美国的公立高校与私立高校中都将董事会作为学校管理的最高权力机构，并以关心教育事业的社会各界名流为主要成员。董事会的成立主要以社会中间机构为主，保证了美国高校评价的客观公正性，其最终目标是为各大高校带来更好的发展。同时，中间机构参与教学培养计划也对高等教育起着支配作用。他们在构建课程体系、指定课程标准的过程中，不断对不合格的学校做出规范，在层层筛查中确保高校的教学质量。

CBE 模式在美国四年制本科中应用得最为广泛。这一模式能够增加学生对社会的适应度，给学生更多的实践机会，课程安排中增加了实践教学课程的比率，根据学生进度设置能力开发表。实践教学在美国的应用型人才培养体系中是十分重要的，如斯坦福等大学鼓励学生在上学期间参与社会实践，在实践中掌握真正适用于社会的技能，并进一步巩固，同时获得一定的实践经验。学生在实践中掌握所学知识和技能后，即可投入相关社会实践项目中，在现实状态下更好地应用技术。例如，辛辛那提大学实行“工学交替”模式，将课堂学习与工作经历相融合，学生进行系统的理论学习后投身于实践，并在实践中进一步巩固理论知识的学习。学校专门聘请同时具有教学经验和实践经验的教师作为现场指导，对学生实践进行进一步的检查与完善，进而培养出理论与实践技能兼备的复合型人才。

（2）日本人才培养模式及其评价。日本各个大学多根据自身特点设立不同的教育目标，秉承不同的教育理念。教育哲学也映射了不同大学在具体教学和科研重点等诸多方面的差异。例如，东京大学的章程中规定了东京大学所有学习者的相关资格、培养愿景和高度的专业知识和理解力、洞察力、实用性，以及引导个性的先锋精神，这种先锋精神是学校的文化力量。因此，东京大学不仅要求自身具有完备的教育理念，也要求学生有独立的性格。因此，知识体系和动手能力对于人才培养是很重要的。

（3）英国人才培养模式及其评价。英国是继美国之后在推行人才培养上较为突出的国家，其人才培养模式中以“工读交替”的“三明治”课程最为见长。三明治课程（Sarldwich Courses）在英国很常见，其理论体系以“理论—实践—理论”为主导思想，在课程中起很大的主导作用。在上学期间既包括课堂学习也包括实践，以来实现人才培养，有利于提高学生对不同课程的理论热情。这使学生对相关知识和生产技能有更为深刻的理解掌握，同时也对技术、文化和企业员工素质的提高带来了积极的影响。

（4）德国人才培养模式及其评价。Clifton F. ASilentsueeess认为德国师范教育对实际能力的培养尤为看重。德国师范教育分成两个阶段，第一阶段为理论知识与传统的课程实践；第二阶段则是 2 年期的见习阶段。在此基础上，德国还提出了“双元制”的教育模式，该模式将专业知识培训与专业理论和文化知识教育结合起来从而进行对高水平的专业人才的培养。除此之外，该模式将实践技能赋予更高的权重，虽然理论占文化课的相当比例，但 60% 为职业相关专业。“双元制”教育的质量由学校与企业共同负责。

6.1.2 国内人才培养模式及其评价

国内关于人才培养模式的研究有了新的突破，在新的会计人才培养模式下，其相关研究主要以财经类院校见长，现将财经类院校会计学院人才培养方案的共性总结如下。

（1）“适用人才与全人教育结合”的培养目标。财经类高校都有自己明确的办学宗旨，如中央财经大学有其办学宗旨是“实现社会效应，确保教学质量”。这同样是其他财经类的宗旨。这一目标设计要求各大学以自身的特点为主要出发点，设置专业时需要以满足社会发展为准则，以培养适用社会型人才为中心，以人才带动大学的整体发展。在每所大学中，新开设的专业也需要以申请和评估规则作为支持，新的重大需要在申报过程中得到相关行业的认可，使本专业更具有潜在竞争力。

（2）财经类高等教育院校会计专业普遍实行全面教育。综合教育同样注重强调学生的其他能力，比如学生的综合素质和能力，如学习合作能力、自律能力、解决实际问题能力、和谐关系能力等。在此方面，各大财经院校均有相当的建树。毕业于各大财经院校的学生虽然在专才方面深受社会的认可，但现代社会所需要的不仅是专业知识和技能要求。为此，全面教育的理念在各个财经类高校逐渐得到了认可，在课程安排、学术活动等方面多有渗透。通识课是新生的必修课。其课程安排主要分为三大块：① 语言与交际要求，包括中文、英文；②模块要求，人的本质和精神培养；③其他课程。

（3）与大学发展目标一致的专业设置和课程体系。中央财经大学、上海财经大学等知名财经学校都以自身的实际情况为出发点，对自身的定位，所承担的角色有明确的标准。各个财经类高校都有符合自身的专业设置、教学内容、课程安排等，其界定的基础就是该大学的抱负：课程设置上以应用为主，让毕业生将理论与实践两手抓；进行理论具体应用的研究；与相关行业加强联系；加强教育课程的建设。

（4）不断调整学科专业结构，改革课程设置体系。财经类大学生要具备会计专业知识，但综合素质对他们而言也很重要。会计专业的一大特点就是与时代联系较为紧密，学习的内容也应该向我国现在的经济情况相靠拢。在课程设置和教学内容上，越来越多的金融和经济大学建议将具有相同或相似学科的学生结合起来招收学生。经过一至两年的基础训练后，他们可以做出专业分流和双向选择。对于金融机构来说，这也是一个好的开始，有利于专业知识的串联。上海财经大学国际商学院的学生在完成基础课程后，还要看其成绩，参考他的兴趣，依照市场需求，分配给专业人士。通过这种训练方法，学校可以根据学生的课程设置，全面处理不同专业的内容，以满足学生整体知识体系的需求。同时，要根据社会对人才的需要，适当调整教学内容。另外，各大财经类院校均鼓励和支持学生选择第二专业进行学习，多角度进行复合型人才培养。例如，中央财经大学实行主辅制度，使大学和双学位教育面向全体学生，并由学分制管理。学生在有余力的前提下，可以根据自身条件，自主选择辅修的专业。网络技术同样是重要的，校园网络建设以网络平台开展为前提，建立实验教学中心。

（5）注重校园文化建设，加强人文素质教育。校园文化建设中，有很多重要的因素，但是需要从人文教育出发，使学生在受教育过程中对世界观、人生观和价值观有正确的认识。因此，校园文化的实施被财经学校重视，为学生的校园文化增光添彩。例如，校园内有书画走廊、名人雕像和地标，以及正规的学术沙龙、主题兴趣小组、创业设计竞赛等。在这些活动的举办过程中使学生对学科有一个更深刻的认识，提高学生的表达能力、交往能力，使学生综合素质能力有质的变化。学生需要具备自由性和创新性，两手都要抓，这要靠校园建设。在文化建设中让师生的发展更具个性化。各种校园文化活动的开展，让学生在课业之余感受更多的校园文化，提高未来的竞争力，为其步入社会奠定基础。会计专业与国际接轨，会计相关专业发展形势喜人，引起了各方关注，这也更需要会计教育国际化的实现。在此环境下，会计教育应在教育本身的基础上，充分考虑会计执业需求的变化，尽早达成会计教育国际化的目标。

（6）会计国际化教育特色明显。会计教育国际化应更注重实质而非形式。发展经济，需要结合政治、历史文化等多重因素，并要综合考虑会计的社会主义特性。目前市场经济日益繁荣，本科教育受到国际化的强烈冲击，每个学校的培养目标应该因人而异。在会计教育国际化的进程中，最重要的是引进国外先进的理念和思想，并结合本地区的情况因地制宜加以实施，以本专业为试点推广到其他专业。会计专业的国际化需要将重点放在改革和创新上，如改革课程体系、课程内容、授课方式，加强实验室与实习基地建设。

（7）会计学历教育与会计职业资格的目标与功能定位。目前，ACCA、CIMA 方向的会计专业深受学生欢迎，这表明国外的专业教育和考试已经逐渐由内而外渗透进国内高等教育。在经济改革与金融危机中出现的一系列问题和矛盾使得各行业对于会计的需求更广，要求更高。然而，在会计人才培养的层面上，目前国内的教育类型很多，大体可分为普通教育、职业教育、成人教育等正规学历教育，然而职业教育和普通教育之间时有交叉，或出现错位。在这种背景下，高素质的会计人才更为社会所需要。会计教育的定位必须有一个正确的选择，现将会计职业教育和普通教育予以融合，并以能力为导向，从而建立以实力引领、市场信号引导的会计人才培养体制。

6.2 “经管法融合—国际视野—竞技提升”卓越会计人才培养模式

会计学专业卓越会计人才培养模式需要在国家政策的支持下发展，以培养全面的应用型、复合型、创新型卓越会计人才为目标，建设知识体系和学术框架。制订合理的卓越会计人才培养方案需要充分利用学校学科优势，在经济和法律的融合下，夯实专业基础，成就专业教育的特色化，构建培养框架的多元化，强调卓越人才能力训练的重要性，重视通识教育对校园文化建设的强大作用，做到有独立的思想体系。

定期对卓越会计人才培养计划中的教学模式进行改革，提出在教学中采用“经管法融合—国际视野—竞技（创新）提升”相结合培养模式，然后在此基础上进行专业性的全面改革，包括师资队伍培养、课程体系建设、教学方法改进、特色教学等。

6.2.1 卓越会计人才培养模式特色

卓越会计人才培养计划重在实施，在实施应用过程中，形成了“经管法融合—国际视野—竞技提升”三重特色。

（1）卓越会计人才培养——经管法融合特色。卓越会计人才需要以商科院校学科发展特色为基准，全面培养综合能力，针对学科的专业特点，确立学科融合的培养目标，促进会计学科专业与经管法课程模块相融合。在课程实施的过程，我们可以在经济、工商管理学院、法学院和会计学院设置辅助课程，使其基于全面构建专业核心课程和通识教育课程，进一步拓宽学习和进步的渠道，使网络资源平台得到充分利用，以一个更具体的指导方式提供一个更广阔的学习路径，缩小不同学科之间的差距，提高学生自主学习的能力。

（2）卓越会计人才培养——国际化理论教学特色。将卓越会计人才的培养结合到哈尔滨商业大学 ACCA 专业和 CGA 专业具有国际化特色的卓越会计人才培养教学中，针对哈尔滨商业大学对卓越会计人才培养模式进行探讨。

①结合卓越会计人才培养模式，专业人才培养目标设定。ACCA 专业方向培养综合素质较高、理论知识掌握较全面的高素质会计人才，经过该阶段培养的学生能够熟悉国际惯例，具有诚信、创新精神，具备沟通能力和适应能力（见表 6.1）。

CGA 专业方向培养目标。第一个层次的培养目标是首先要做到的，要取得哈尔滨商业大学管理学学士学位及 CGA 相应课程学分减免。学 CGA 的 9 门英文原版专业课程很重要，需要及时修完（前三个学年），至于会计学专业的其他课程，可以在第四学年修完。第二个层次的培养目标设立为 CGA 证书的获得资格。学生在修完 CGA 9 门必修课程的基础上，第六学期通过 CGA 5 门专业（执业）资格课程的全球统一考试，考试对于获得证书占有很大的权重。除了取得学士学位外，还要通过 5 门全球考试，并从事两年或两年以上财会或相关工作，包括会计工作、审计工作，才可申请取得 CGA 专业资格（见表 6.2）。

②结合卓越会计人才培养模式，课程体系国际化特色。会计学 ACCA 专业方向的学生不但需要学习 14 门 ACCA 专业课程，还需要提前学习如财务会计、财务管理等相关的中文专业基础课，ACCA 考试的 14 门课既有中文教授又有英文教授，教材也直接从国外引进。

表 6.1　　ACCA 专业课程体系

必修课程		选修课程	
		初级课程	高级课程
财务会计1（FA1）	财务会计2/附商业案例1（FA2 with BC1）	加拿大税法1（TX1）	专业认可综合考试1：注册会计师执业实务（PA1）
管理会计1（MA1）	财务会计3/附商业案例1（FA3 with BC1）	财务管理2（FN2）	专业认可综合考试2：战略财务管理（PA2）
财务管理1（FN1）	审计1/附商业案例2（AUl with BC2）	审计2（AU2）	
财务会计4（FA4）	管理会计2（MA2）		
高级会计理论Ⅰ（AT1）			

表 6.2　　CGA 专业课程体系

基础阶段课程		专业阶段课程	
知识课程 KNOWLED GE	技能课程 SKILLS	核心课程 ESSENTIALS	选修课程（四选二）OPTIONS
会计师与企业（AB）Accountanting Business	公司法与商法（CL）Corporate and Business Law	专业会计师（PA）Professional Accountant	高级财务管理（AFM）Advanced Financial Management
管理会计（MA）Management Accounting	业绩管理（PM）Performance Management	公司报告（CR）Corporate Reporting	高级业绩管理（APM）Advanced Performance Management
财务会计（FA）Financial Accounting	税务（TX）Taxation	商务分析（BA）Business Analysis	高级税务（ATX）Advanced Taxation

续表

基础阶段课程		专业阶段课程	
	财务报告（FR）Financial Reporting		高级审计与认证业务（AAA）Advanced Audit and Assurance
	审计与认证业务（AA）Audit and Assurance		
	财务管理（FM）Financial Management		

③结合卓越会计人才培养模式，使教材建设趋于国际化。14门ACCA课程既有中文教授，也有英文教授。外语的课时量因此有所增加，并通过增加外教口语课的课时来配合双语教学和原版教材的学习，同时也为学生未来的资格证书考试做准备。

会计学CGA专业方向的学生需学习9门CGA专业课程及相关的中文专业基础课，如财务会计等，其必修课也需要中文教授配合英文教授。

④结合卓越会计人才培养模式，进行实践教学。ACCA、CGA班的教学过程着重理论与实践相结合，注重培养学生的实践能力。教学过程中注重国内外知识的巧妙融合，使同学们在掌握理论知识的同时也能了解到地区间的具体差异，有利于解决在国内外不同会计环境和要求下面临的问题。

⑤加强双语师资队伍建设。哈尔滨商业大学会计学院非常注重双语师资的培养和储备。从2004年开始，陆续选派刘胜军、徐晶、耿文丽、孙艳、刘璐、侯文哲、李兆华、徐鹿、柳岳青、赵秋玲、李欢、杨忠海12名中青年骨干教师前往加拿大Calgary University（卡尔加里大学）、University of British Columbia（UBC，英属哥伦比亚大学）、Simon Fraser University（SFU，西门

菲莎大学)、Laurentian University（劳伦森大学）参加CGA相关课程双语教育培训，这些骨干教师很好地完成了CGA 9门必修课的教学培训工作，得到了CGA－Canada及其中国代表处的一致好评。

（3）卓越会计人才培养——竞技能力提升。培养卓越会计人才要注重理论基础建设培养方案的实施应用，更要注重竞技能力的提升。卓越会计人才竞技能力提升包括实践能力提升、竞赛能力提升、创新创业能力提升。

学生的创业精神、创新能力要在卓越会计人才实践能力培养过程中逐渐形成，要遵循创新教育理念，在社会现实的需求下，设立会计专业化的教学计划，在以综合能力、创新思维、创业能力为导向的影响下，更好地指导学生。

①卓越会计人才培养教育教学模式。在进行会计实践课的过程中融合理论知识，自主性、综合性需要被培养，开放性和应用性更是如此，从而提高学生的创新能力。

②卓越会计人才培养实习教学模式。重视企业实习在理论实践和人格培养中起到的重要作用。校内实践和校外实习两种模式是经常被人们采用的。

③卓越会计人才培养教学模式。重视毕业设计在增强学生创新意识、培养学生分析能力上的作用。毕业设计创业模式采用教师指导等形式对学生进行指导，并以中期答辩等措施控制毕业设计的过程，同时要把个人成绩与团队绩效评价结合起来，注重学生设计过程的绩效评价。

卓越会计人才培养离不开竞技创新能力的培养，其中最主要的方式就是承办和组织各项竞技大赛，提升学生综合运用相关知识的能力。在竞赛中学习，在学习中创新，鼓励学生在校期间参加世界级、国家级、省级大赛。财会类技能大赛包括“科云杯”

全国大学生财会职业能力大赛、全国大型财会专业竞赛“网中网”财务决策大赛、“中华会计网校杯”全国财会大赛、“新道杯”全国大学生创新会计人才技能大赛、“福思特杯”大学生会计手工技能大赛等，比赛以将理论融合实际为初衷，调动学生学习兴趣，提高实践能力。在众多大赛中还包括国际（美国）大学生数学建模竞赛、大学生创新创业训练项目等，这些大赛真正给学生带来思维的训练、创新意识的提升，满足人才培养计划对学生多方面的要求。

6.2.2 卓越会计人才培养模式具体内容

卓越会计人才培养模式是长期进步的过程，在其研究过程中，从初始目标和初始问题为主要出发点将学术理论与实践相结合。首先，需要查阅相关资料了解国内高等院校专业改革及卓越人才培养状况，结合国家战略、社会发展人才需求战略，通过比对收集到的大量资料，对国内外专业改革及卓越会计人才培养现状进行分析，在比对中寻找不足，使问题得到改善。

（1）培养目标。理论结合实践，定性结合定量，是两种客观的研究方法。卓越会计人才培养模式凭借这两种研究方法结合国家“创新创业”战略和会计人才的需求，联系卓越会计人才发展的趋势，确定了人才培养目标：第一，保证双方能够互相交流，互相尊重各地的风俗习惯；第二，提高会计人员的水平；第三，提高会计从业人员对会计实践的应用性。培养应用型人才除了加强专业的理论水平之外，社会实践能力也是不可或缺的一项；第四，提高卓越会计人才的创新精神，培养他们成为创新型会计人才。所以，会计人才需要全面发展，具有国际视野以及其他相关素质。

我国的培养理念目前已经有所改观，“以学生为本”的培养理念较从前已是一大历史性的进步，但目前国外更推崇“终身学习”的培养理念。终身学习思想认为，只有在各个阶段不断地学习，持续深造，才能跟得上社会、经济的发展。年轻人不应该将学历当作教育的最后环节。继续教育应该延续到人生的每一个阶段，终身学习已经大势所趋。在卓越会计人才培养理念方面同样需要剔除旧思想之糟粕。

卓越会计人才课程涉及理论、实践等多方面，涉及的学科有国内外会计、审计和工商管理等，还要有解决问题的基本能力。毕业生应具有以下水平和能力：第一，良好的社会科学功底、文字表达能力；第二，能够构建起经济类、管理类学科基本知识体系；第三，掌握会计学专业相关的知识；第四，数字处理能力十分突出，了解本学科先进的研究方法；第五，具备全方位多角度进行理论研究的能力；第六，拥有解决实际问题的能力；第七，对国家和国际有关会计专业的法律条文、政策做到烂熟于心；第八，视野不囿于国内，放眼国际。

培养模式目标分解如图6.1所示。

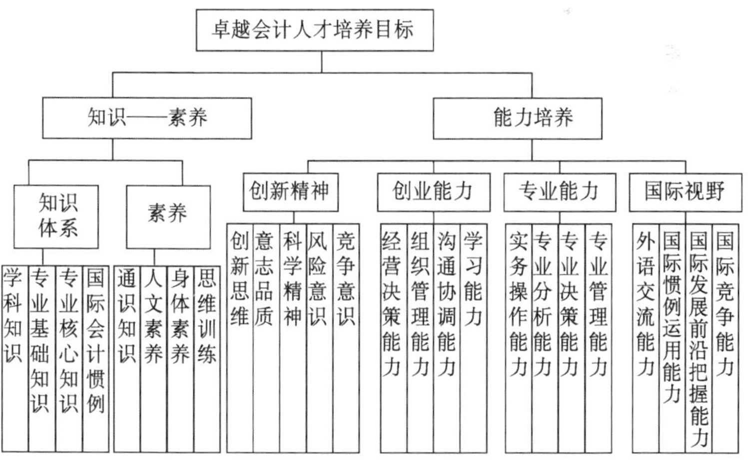

图6.1 培养模式目标分解

（2）培养特色。卓越会计人才培养需要有自己的特色：①应重点突出学校优势学科，促进学科融合；②强调英语和专业课的重要性；③注重对学生特长的培养，强调长板，补充短板；④重视思维教育对学生的引导作用。重视通识教育等基础课对学生人生观、价值观、世界观的形成作用，强调思维教育，文化精神，科学精神、创新精神等对学生的引领作用。

在卓越会计人才培养模式中，提出在教学中采用理论知识、实训操作、竞技（创新）运用相结合的模式，理论教学互动交流中采取多种方式引导学生自主学习，让学生在学习过程中自主思考问题；实践教学中围绕能力训练的目的、方式、影响综合进行突破；竞技创新运用是指学生在参与各种专业竞赛或者大学生创新创业竞赛的过程中能够自主运用所学的知识与实践相结合。除此之外，还需要良好的师资队伍、实践设施、合理的教学计划等共同辅助进行。

卓越会计人才培养教学模式框架见图 6.2。

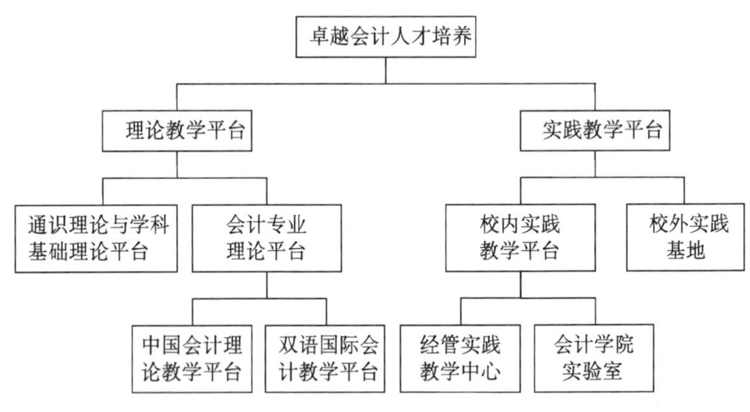

图 6.2　卓越会计人才培养教学模式框架

（3）课程体系设置。受市场经济的影响，我国会计的发展在一定程度上被国际政策所制约。因此，在会计课程设置中，不但需要将我国国内会计行业情况和准则涵盖其中，还需要对他国和国际的会计准则有一定的涉猎。只有知己知彼，才能在国际会计事务中掌握主动权，才能更好地与其他国家进行经济往来。受会计人才培养目标的影响，我国会计教学在课程设置方面也做出了一些变动。

在新的教育理念的引导下，会计学课程设计以构建完整的知识体系和培养全面人才为出发点，在课程的整个过程贯彻对学生能力培养的要求。根据国外先进教学内容，我国会计教育结合自身的实际情况提出对会计课程设计的四点要求。

第一，会计课程设置要将课程有机排列起来，主要本着由简到难的原则划分出专业课等级然后形成一个整体，这样可以使学生在接受专业化知识的同时也接受整个系统化的教育。需要着重强调的是，应着重突出专业课的专业性问题，避免专业课与基础课有太多重复的部分，同时需要学生学习其他相关专业课程，如会计制度设计、金融会计等课程。

第二，系统性对于课程安排的重要性不言而喻，不能忽略会计与其他学科之间的整体性和完整性，尤其应该注重数学、外语、法律等学科与会计学的综合运用，在学好各门学科基础专业课程的基础上构建起多门学科交叉的完整构架，形成多元化的课程体系。

第三，会计课程的发展应该和当今社会的需求相一致，并与日新月异的社会变化相一致。新的理论层出不穷，如果仍然固守传统的教学模式便会落后于整个时代。作为课程的设计者应该充分考虑到信息、技术、理论的变化以及社会的发展进程，并将这些变化贯穿于整个教学计划当中，避免学生死读书，读死书。例如，英国为了使学生毕业后适应金融市场，在会计专业课程中增加了有关金融的内容。哈尔滨商业大学也开设了 ACCA 专业课程，课程内容时刻根据有利于学生发展的方向做改变，及时注意相关国际动向，使此专业培养出的毕业生能够真正达到相关标准，增强国际竞争力。

第四，必须充分了解国际形势的变化，以及会计课程的变化，包括外汇业务的变化、国际会计准则、养老金会计以及外国分支机构的合并等。我们可以借鉴国外的经验在企业绩效评价中吸取教训，学习会计实务与法规管理、外汇风险管理和其他方面的有用的内容；同时可以设置一些研讨会，学生可以对国内外不同情况进行对比，从而对其有一个更直观的了解。

哈尔滨商业大学会计学专业人才培养的总体思路是加强通识基础，拓宽学科基础，把握专业主干，重点突出能力，个性发展兼修，增强社会适应能力。按照这一思路，会计人才的培养课程设置分为公共课、学科共同课、专业课及实践环节。卓越会计人才培养课程体系如图 6.3 所示。

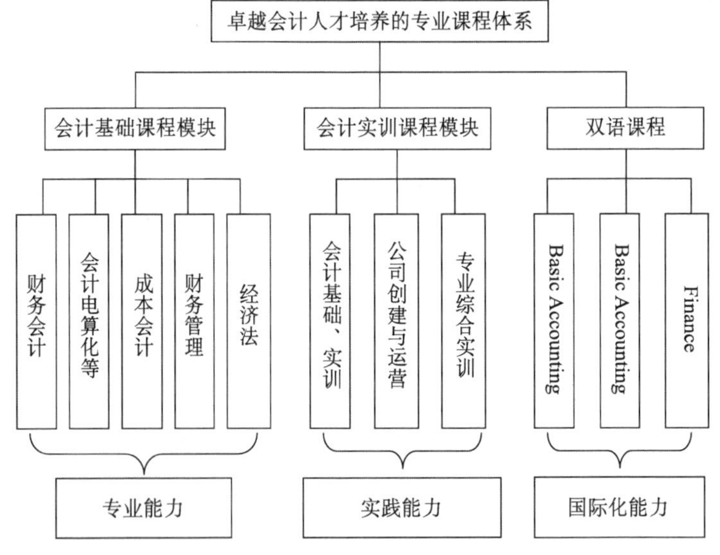

图 6.3　卓越会计人才培养课程体系

根据国内外的研究发现，会计学若想取得长足的发展，就必须建立一个更广阔、更专业的舞台，因此，会计学院建立了促进学院学科专业发展的7大基础平台：师资培训平台、国际化教育平台、信息化教育平台、教学研究与改革平台、科学研究平台、实践教学与创新创业教育学平台、学术交流平台。

任何模式都必须有自我修正机制，卓越会计人才培养模式也是如此，建立合理的信息反馈系统是自我修正机制中的重要一环。

（4）创新教学方法。在传统的教学方法中，学生的特点和个性经常被忽视，新的教学方法改善了这个问题，用学习热情促进学生的发展，按照学生自然发展的规律，使学习的主观能动性充分发挥，独立思考的能力逐渐建立，使其能够自觉学习，并按照正确的轨道发展，做学习的主人。

①强化案例教学法。案例教学法确有其优势，一方面使学生自动地、自发地投身于学习中去，使学生能运用独特的理性思维将理论知识运用到实际案例中去；另一方面，讲授过程能够在很大程度上吸引学生的注意力。我国会计人才培养也穿插案例教学，但是其高假设性使课程没有达到预期的效果。美国会计学会（AAA）推广以会计案例教学为主的教学模式，促使学生在案例分析的过程中自主学习。系统的案例分析教学法在我国同样有所应用。

②推行问题导向型教学法。被动接受式教学模式较为生硬，而问题导向型教学法是教师根据教材内容对学生提出启迪学生自主思考的问题，使学生揣着一颗好奇心自发寻求答案，处理问题。针对好奇、探索的心理特征，可以将问题带到具体场景中引发学生进一步的思考。在这种实践探索中，学生在具备了基础知识和基本技能后，还具备了实践能力和创新能力。

③自主学习与指导并行。该模式推行自我学习与辅助学习同步进行，首先由教师讲授课堂内容的重难点，画出学习大纲，再由学生自行分组讨论，并在小组内交流最后得出最终方案，最终由教师进行总结讲评。该方法不仅仅使学生能够更好地理解课程的重难点，也能锻炼学生自己分析问题的能力。

教师在教学过程中应该扮演应有的角色（观察者和陪同者），一方面要与学生互动，了解学生所思所想，了解学生的长板和短板，并在适当的时候加以适当的指导。同时，设计出能使全体同学共同参与的环节，培养出平等开放的教育环境也是十分重要的。

以上几种教学方法都是学生作为主导者的身份参与其中，教师作为引导者带领学生完成学习任务，整个学习过程不能少了任何一方的努力。在教学实践中，首先要思考的是如何增强每位学生的参与意识，寓教于学，充分发挥学生的主人翁精神，取得预期的效果。

（5）教学手段。教学质量的提高需要依托现代网络媒介，使教学手段向现代化转换。多媒体教学和远程教育有了新的发展前景，使学生可以站在理论和实际两个角度看待问题、分析问题、解决问题。

①运用多媒体辅助教学。多媒体技术的发展使教育有了新的发展平台，并在此平台上衍生出多种教育手段，如演示教学、模拟实践教学、互动教学等。一方面，多媒体教学能够提高学生的兴趣；另一方面，多媒体与传统讲授方式结合起来，使书本上的理论更加具体化，相关内容更具现代化，将国际化的新内容融入教学当中，无疑是正确的。

多媒体技术的应用促进了教学的进一步改革，在信息平台上融入现有的国际变化情况，结合传统的教学理论，实现传统与现代的结合。这对于开展卓越会计人才课程的建设具有很大的推动作用。多媒体教学一方面使教师能够时时更正、时时更新国际上的最新内容，调整讲授内容，另一方面可以构建教学国际化的具体环境，使学生对国内和国际环境下的会计实务有一个具体的分析和理解。

②现代远程教育得到广泛应用。远程教育由教育组织机构主导，是综合应用信息技术构建网络平台，为学生提供教育服务的一种教育方式和交流形式。通过远程教育，学生可以通过网络平台得到优质的教育资源，并且可以增加与教师或者其他学生进行交流互动的机会，教师同样能在合适的时候启迪学生。

（6）双语教学模式。随着多媒体技术的广泛应用，会计教学的双语化已不仅仅局限于单纯的中英翻译，在网络平台的带动下，会计课程除了可以带给学生们英文翻译之外，也教给了学生在不同文化背景下的会计实务操作方法以及国际环境下的新思想。学生可以在双语教学的课程中充分了解到不同思潮下形成的会计文化。

为了实现双语教学模式，就必须实现会计课程国际化。会计课程的国际化一般可以通过如下途径实现：聘请外国教师讲授双语课程；开设 ACCA 等双语课程；举行与国际会计方面内容相关的课题讲座等。

双语教学应在学生的立场上，以学生参与度为重点观察对象，让学生主导课程的进程，增加师生之间的交流互动，激发学生参与课程的热情，使学生真正主动获取知识。只有沟通交流得到增强，才能提高实践教学的效果。

实现卓越会计人才培养不能离开国外原版教材。直接引进原版教材可以使学生直截了当地获取国外最新的资源，不受中文译者的主观影响，对外文教材、外国会计实务、外国文化有一个更直观生动的了解。但要注意的是，需要在引进国外原版教材的时候进行严格有效的审批审查，各高校及有关部门同样需要注意引进与课程内容与国际形势相关的教材，并且需要保证所引用的教材具备适当的语言水平和专业水平。

(7) 强化实践教学。由于会计是一门既需要理论又需要技术的学科，这门学科对会计人才有更清晰的要求。理论知识基础是任何学科都需要的，会计专业更是如此，除此之外还需要具备良好的职业道德和沟通能力等综合能力。会计实践教学正是为培养这些能力做准备的。

培养会计专业的新型人才，既满足了社会需要，也是对学生自身素质的极大提高。会计的教学不是纯理论的教学，也不是纯实践的教学，而是二者自然融合的教学。只有两者有机融合，才能全方位多角度解决工作中的问题，才能真正符合社会的需要。这一方面要求高校加强会计模拟实习，在实习、实践中锻炼学生的实际操作能力，在各种实务中加以锻炼，把学生培养成综合素质、创新精神和创新能力齐头并进的高级素质人才。

设置合理、高效的会计实践教学直接推动了会计行业的发展，间接影响了国家在世界上的经济地位。因此，如何加强实践教学值得各界关注。具体途径包括以下五点：

①积极促成其他课程融入会计课程。高校毕业生无法适应工作岗位这一现象时有发生，归根结底是因为上学期间理论与实践脱节。高校里实践课所占比例多数很小，学生空有理论但缺乏实践，无法胜任未来的实际工作，不仅为工作单位增加了负担，也打击了学生的信心。如果尽早让学生着手实践，则可以使学生尽早适应实际工作，还能使学生更好地完成工作，为今后的发展奠定良好的基础。

②改善以专业理论为主的学习环境。国内大多数的大学实验

课上教师仅围绕凭证、账簿和报表开展课程，大多数流于形式，没有起到真正的效果。

③创造机会鼓励学生去校友企业实习。加强与校友企业的合作，定期组织学生前往实习。通过亲身经历使学生对会计工作有一个更理性的认识，在实践工作中真正对会计实务有一个更理性、更全面的思考，并结合过去所学的专业知识，更好地解决问题。

④强调毕业实习的作用。毕业实习作为学习生活与进入社会之前的过渡，在此过程中可以使学生进一步夯实理论基础，并将理论运用到实践中去，进一步体会会计实务的操作，便于解决工作中棘手的问题。哈尔滨商业大学会计学院实习基地已经设立，在这里，学生可以体验社会实践。实习基地为加强实习效果而建立，目前已经实现了良好的效果。

⑤实践教学教师队伍建设不可忽视。好的学生需要好的老师教导才能进一步提高。教师参与企业和会计师事务所的工作有利于教师用亲身经历讲述课程，同时也可以聘请资深会计师到大学校园里开办讲座，使学生更近距离地接触实践活动。

目前人才市场急需拥有完备的实践经验的会计专业人才，而实际经验的积累则要靠实践这一环节的锻炼，会计实践教学还要在实践中出真知。实践教学与最后教研成果息息相关，因此发现问题才能促进实践课程的进一步发展。总之，实践教学也直接关系到会计人才培养目标的成功设立与否。在人才培养结构这个框架之下，需要所有要素共同支持。为此，只有实现“产学研”一体化，复合型卓越会计人才才会被塑造成功。

卓越会计人才实践培养方案在对培养学生实践能力上有系统的实施计划。会计专业教学体系中所包含的会计实践课程按照培养目标的不同，可分为自主型实践、综合型实践、开放型实践和应用型实践四大类。卓越会计人才实践教学模式如图 6.4 所示。

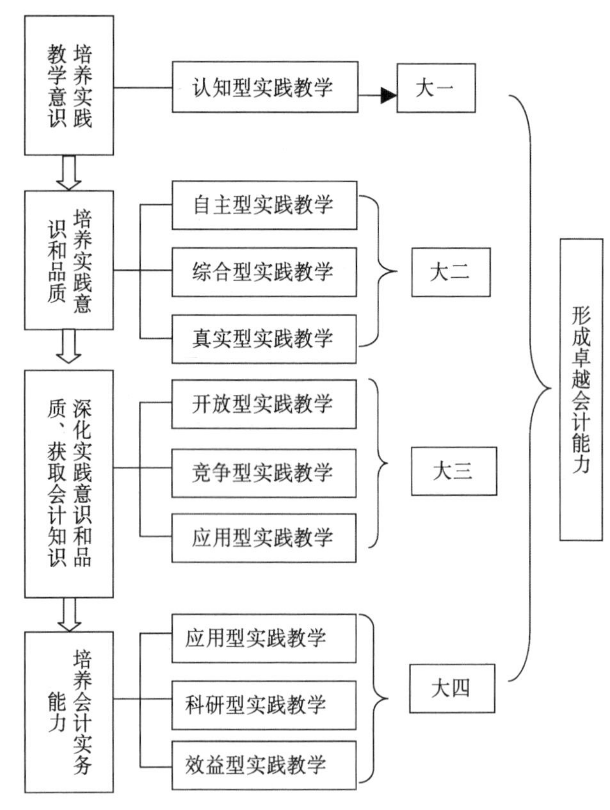

图 6.4　卓越会计人才实践教学模式

第7章 卓越会计人才培养模式的具体实施路径

卓越会计人才培养模式的基础是人的全面发展理论、人力资本理论、终身教育理论、人才可持续发展理论、产学结合理论、高等院校素质教育理论，着重探究卓越会计人才培养模式的建立，使卓越会计人才培养达到标准化。研究的难点在于在构建好卓越会计人才培养模式之后应选取哪条路径。科学合理的路径选择是保证培养模式有效性的基础。

7.1 更新人才培养理念

会计人才在维护市场经济秩序、促进社会和谐、推动科学发展的进程中发挥着重要的作用，因此会计人才的培养对于社会的发展有着不可替代的作用。目前，我国会计人才的培养还存在许多漏洞，例如管理型人才偏少、综合技能全面人才偏少、领军型人才偏少等，如果想改变会计人才队伍目前的一些不利局面，各大高校就要充分利用好校外、校内这两大资源，毫不动摇地坚持“培养拔尖创新人才、构建协同创新机制”这一人才培养理念。

人才培养理念旨在从根本上有效解决按哪种思想培养人才的问题。我国一直在坚持更新培养理念，建立了“以学生为本”的培育思想，这一成就可以说是一项历史性的进步，放眼各国的培养理念，其中最被推崇的就是“终身学习”这一学习理念。在现代会计教育中，获取知识的方法比会计知识本身更加重要。我国的会计教育应该在吸收我国传统教育精髓的基础上，全面地贯彻终身学习的思想，进一步改进卓越会计人才的培养模式。从终身学习的角度来讲，如果想要学生们能够适应日趋复杂的工作，就应当重视对学生的创新能力和学习方法的培养，应该让学生在受教育期间就能够掌握工具性、基础性的知识以及继续学习的能力。在这种理念的指导下，会计教育已经不是学生学习会计知识的最终环节了。不论在什么年龄段，也不论在工作中的任何时期，只要学生有学习会计知识的需要，就可以继续接受教育。这种教育理念使终身学习成为必然，打破了“一次教育，终生受用”的教育传统。自主学习、解决问题，持之以恒的能力，批判性思维，以及自我评价能力，都是终身学习的核心能力，学生要清楚地了解它们之间的关系，为终身学习建立一个坚实的基础。

除了培养学生终身学习的理念外，我们还应该重视教育和学习的全面性，既重视知识与技能的获得，也重视态度、心理、情感、精神的发展以及每个人作为一名社会公民应当具备的基本素养。同时，教育应当是开放的，学习也应当是开放的，各种正规、非正规的学习和教育活动都不能被忽视。此外，教育和学习的权利是每个人的基本权利，政府和国家应该通过提供各种相关制度的保障，来保证每个人教育和学习的平等机会。

除此之外，教育者们还应树立和强化跨学科的培养理念。通过对美国几所研究型大学的考察得出结论，那些在跨学科人才培养上有明显成就的大学，其相关主体特别是这些学校的校长都具有跨学科教育的理念。例如，玛丽·苏·科尔曼担任密歇根大学的校长之后，一直大力倡导跨学科的教育理念。玛丽·苏·科尔曼认为，跨学科研究和教学更容易培养出人才，更容易做出成果，也更容易实现学术领域的创新。在我国，社会越发展，从前的专业教育模式就越表现出它的不适应性，因此，我国高校现阶段应当树立和强化跨学科人才培养的理念。具体来说包括：

（1）改变教育者们对于大学属性的认识。各大学对于人才培养和科学研究开始逐渐从传统学科向跨学科演变，大学慢慢地成为“一个跨越传统界限去寻求知识的场所”，因此，致力于跨学科教学和研究也随之成为许多大学使命和身份的一个标志性特征。

（2）提高培养跨学科人才的认识。如今，各大学采取按专业招生的培养制度，这种制度限制了学生们跨学科学习的兴趣，越来越多的大学生在毕业时出现就业难的现象，所学专业与最终所从事的职业也不对口。同时，各大高校也没有充分地利用和发挥他们的多学科资源优势。以上情况都不利于跨学科人才的培养。此外，社会的发展要求学生具有解决复杂问题的能力，而大学都倾向于把问题归入某一类学科或领域，但是，许多复杂的问题大都无法靠一个学科或领域解决。因此，大学不但要通过互相合作来解决这些跨学科的复杂问题，而且还应该教给学生运用多学科知识提出问题、分析问题及创造性解决问题的能力。

（3）转换对人才培养目标的认识。当内外部形势发生新变化时，各高校应该把培养出具有跨学科素养的人才当作学校教育的重要任务，跨学科的思维模式、多学科的知识体系、同其他学科的学者共同解决复杂问题的能力和意识都是这种跨学科素养中应该包含的培养目标。所谓跨学科人才就是指同时具备两个专业或领域的技能或专长的人才。各高校应该着重培养学生独立思考、提出问题、分析判断问题以及解决和反思问题的能力，以会计创新思维为整体表现形式。会计创新思维的本质是把会计事务的内部联系、本质和规律作为会计思维主体的基础，利用创新思维和方法来形成对会计新成果的一种理性认识活动。会计创新思维能够起到扩大会计知识的总量、增强会计人员创新能力、提升会计人员思想素质、开辟会计新局面、促进会计事业发展等方面的作用。想要提升会计创新思维，可以通过锻炼比较、分析、归纳、外推、类比、综合、演绎等形式获得。在卓越会计人才培养的过程中，高校应该注重渗透创新教育要素，整合创业教育资源，通过完善课程体系、转化考核方式、改革教学方法等方式提升高校的人才培养预期。

7.2　明确人才培养目标

人才市场的需求决定着卓越会计人才的培养目标。经济全球化的发展要求跨国企业中有大量的复合型国际化会计人才，许多中小型的国内企业也亟须大量具备良好的职业道德、扎实的专业基础和强大的实践操作能力的应用型会计人才。高校要根据市场上差异化的人才需求来设定差异化的会计人才培养目标，但如今许多高校在制定培养目标这一方面缺乏必要的市场针对性，因此出现了大量人才市场就业导向不明确的情形。比如，一些高校既然制订了“卓越计划”，那么在培养卓越会计人才的目标方面就应该树立高层次、国际化、创新型的发展导向，从而满足国际需求的卓越会计人才的特性，以提高会计人才质量为核心，重点提升会计人才的实践能力，培养学生与经济全球化发展相适应的知识体系，并要求学生熟悉我国最新的企业会计准则、发达国家最新的会计准则以及最新的国际会计准则等相关法律规范。同时，较强的沟通能力、业务能力以及应变能力都应当作为培养的目标，而不是仅仅把培养目标局限在当前、当地经济发展的需求上。在当前的经济情况下，在我国新企业会计准则和国际会计准则的应用和会计实务操作中，每一个步骤都要有不同程度的会计职业判断才可以完成，这就要求卓越会计人才的培养目标也要重视职业判断能力的培养。

解决培养什么样人才的问题是人才培养的目标，培养者应该明确培养目标，决定其所应该培养的能力素质，只有在明确了这一目标的基础上，才可以设立、开发相对应的课程体系，然后通过日常教学环节使学生具备这些能力素质，以此来更好地贯彻和落实卓越会计人才的培养方案。教育部提出了对卓越人才培养的基本素质要求：卓越会计人才的培养目标是使会计人才可以适应经济全球化发展，在能力方面要求具备比较强的社会责任感，良好的职业道德和修养，比较强的职业判断力，在业务知识和专业技能方面要求拥有经济学、管理学、法学和会计学等相关学科的知识和能力，精通会计师、CPA、ACCA、ICMA 等业务知识与专业技能，具有创新意识以及国际化能力。会计人才培养目标应该同其所处的经济、社会、科技及会计本身的技术手段和方法相适应，与社会发展对会计人才的需求相适应，致力于培养出具有较强的国际社会适应能力和渊博的专业知识以及社会知识的既有扎实的理论知识，又能掌握复杂的实操技能的高素质复合型专业人才。

这种高素质复合型人才既要掌握会计专业素质，更要掌握基础素质（如创新素质、心理素质等），而不能仅仅局限于把学生培养成为具有理论基础和实操技能的会计人才，更应该把全面发展的、具有国际视野的人才作为培养目标。

卓越会计人才培养模式的综合性改革应该以全面发展理论、终身教育理论、高素质教育理论、可持续发展理论、创新创业理论为基础，为成果研究奠定坚实的理论基础。研究成果采取实证研究与理论研究相结合，定量与定性研究相结合，积极响应“一带一路”倡议对于会计人才的要求，把培养服务于国家经济建设所需的卓越会计人才作为培养的核心，在此基础上结合高等教育大众化的发展趋势，提出卓越会计人才培养的具体化目标。第一，所有活动都应该建立在相互交流的基础上，语言沟通是最重要的方面，因此，卓越会计人才不但应该精通外语，还应该熟悉国际惯例和不同地区的文化传统、风俗习惯。第二，卓越会计人才应该具备比较强的适应性，不但要系统掌握专业知识，还应该具备从事专业工作的能力。第三，卓越会计人才一定要有很强的应用性，因为会计是一个应用性很强的学科，离开实践，很难准确掌握理论知识和实操技能，如果这样，就无法胜任会计工作。会计应用型人才需要具备“高素质、强能力”，并能做到理论联系实际，重点培养学生的专业技能和社会实践能力。第四，在大力推广创新战略的情况下，创新型人才是当今社会最亟须的人才，因此卓越会计人才必须具备创新精神。

优秀的会计人才需要学习国内外审计、会计、工商管理等领域的基本理论知识，接受中国会计和外国会计师专业方法和技巧的基础培训，使其具有分析和解决会计和审计问题的基本能力。

毕业生应具备下列知识和能力。一是社会科学基础扎实，自然科学基础扎实，语言和文字表达能力强，掌握文献检索的基本方法，自学能力强，创新能力强，有创业精神，精通一门外语，具有一定的外语交流和阅读能力。二是具有一定的外语水平。掌握硕士的基本知识和理论，掌握管理、企业管理、财务等基本知识和理论。三是掌握会计、财务管理、审计等方面的专业知识。四是掌握统计、计量、计算机、信息技术等方面的基本技能，掌握本课题的先进研究方法。五是具备运用不同学科知识和方法进行科学研究的初步能力。六是具有运用不同学科知识和方法解决审计实践问题的基本能力。七是要熟悉国家和国际审计准则、政策和法规，具有进行科学研究的基本能力。八是具有从国际角度理解学科前沿和趋势的基本能力。

7.3　完善课程设置

我国一直积极参与国际化的合作与协调，由于我国市场经济还不发达，我国的会计面临发展和国际协调双重任务。在会计教学中，有必要了解和学习其他国家的会计准则和国际会计准则，以便正确掌握国际会计信息，掌握国际经济交流的主动性，提高中国会计师参与国际竞争与合作的能力。在终身教育理念的指导下，根据“高素质的综合型会计人才”的培养目标，我国会计教学内容应做相应调整。所有课程理论和实践教学都围绕着一个完整的会计信息系统，合理配置财务会计和管理会计建设资源，提高实践教学的比重，突出加强专业能力和职业道德技能。重视课程结构体系的整体优化，尽可能利用课内学时，避免重复的内容。全面考虑基础课、专业课、理论课和实践课的建设，不断提升课程建设质量。此外，中国会计行业已变得越来越国际化，企业需要符合国际标准的优秀会计人才。因此，高校也应促进全英语课程的发展，以鼓励学生学习和报考 ACCA、CMA 等。一方面，它可以帮助学生拓宽视野，另一方面，它可以让学生在工作中灵活地运用所学的知识。会计专业具有很强的实践性，老师在讲授知识的过程中，要重视学生的专业技能，运用讲解式、启发式、讨论式、练习式以及实习式等教学方法，通过引用案例来加深对知识点的讲解，调动课堂氛围，同时加强课堂教学和专业实践。例如，当讲到四个主要会计假设时，老师可以利用上市公司的年报，告诉学生其中哪些方面体现了四大假设，从而提升了教学的活力和实用性，让学生在学习的过程中学会思考，提高学生理解理论知识的能力，并不断加强自学和创新能力。

课程结构体系对于人才的培养至关重要。为了培养卓越的会计人才，有必要加强课程设置改革，让课程的设置更系统、更有针对性，更加重视科学性、实践性、适应性、多样性，让学生跟上社会发展的步伐，深刻了解会计领域的最新科研成果和前沿消息，为了达到这一目标，我们把能力建设作为重点，建立“三层递进”的卓越会计人才培养的课程目标模式体系，即基本能力→职业能力→创新能力，递进式地实现提高学生能力的培养目标。

7.3.1 卓越会计人才“基本能力”培养的会计课程体系设置

卓越会计人才基本能力的培养可以从两方面对课程体系进行设置。一是以科学教育为核心，建立课程体系。优秀的会计人才不但要具备会计方面的基本知识和基本技能，也要对会计数据进行科学分析，灵活运用会计信息进行相关预测和决策，因此，教师们应该以科学教育为核心构建课程模块教学内容，设置数理统计、计量学等自然科学和工程技术等领域的课程体系。二是还要重视品德教育，因为会计人员除了要做好专业方面的工作外，还经常面临着与其他单位、部门沟通的情况，因此品德教育和个人魅力也很重要。

7.3.2　卓越会计人才“职业能力”培养的会计课程体系设置

一是以执业资格认证为核心设置教学内容。会计执业资格证书是会计人员从事会计工作的一个标准，因此我们要把国内的教育与国内和国际的资格认证相结合来设计课程体系，在课程中涉及中国注册会计师和国际注册会计师，让学生学有所用，真正对未来的职业发展有所帮助。二是以实践能力为核心设置教学内容。只懂理论的人一定不会是一名优秀的会计，因此要尽力培养学生的实操能力，多加一些实践教学，能让学生加深对书本上知识的理解，对抽象概念的认知，能够更好地把理论与实践结合在一起。

7.3.3　卓越会计人才“创新能力”培养的会计课程体系设置

创新在各行各业都是必不可少的一项能力，是社会发展的动力，会观察的人才能创新，观察的同时还能发现问题，结合想象，而这一切，都源于创造性思维。创造性思维可以说是素质教育的基础。基于此目的，我们从两方面设置了卓越会计人才创新能力培养的课程体系：一个是开放性的创新课程体系，文理从来都不应该分开，各个学科也应该都是相互交融的，因此，我们的课程内容应该面向社会、面向国际，满足经济及社会发展的需求，同时也可以适当地借鉴国际先进的课程体系，利用课上提出问题、讨论问题、研究问题的方法提高学生独立思考的能力，激发他们的发散思维，培养创新精神。另一个是构建实践性的创新活动，多鼓励学生们参加各种与会计学科有关的比赛，培养学生的创新意识和能力，帮助他们在走向社会时能更好地适应社会，具备一定的竞争力。当我们构建新的课程目标模式体系时，大概分出了三类课程结构，分别是基础型、拓展型、探究型，让课程内容更好地结合起来。用基础型课程为学生们打下坚实的基础，再利用拓展型课程进行补充扩展，最后利用探究型课程作为延伸和外延，从而更好地促进卓越会计人才能力的提升。

在现代教育中，不论是什么学科，都在倡导“宽口径，厚基础，高素质”的现代教育理念，会计学科更应该这样。在日常的课程设计中，要把系统地培养学生的知识和职业能力作为目标，同时也不能忽视能力培养，要把它融入课程结构和日常教育中。教学内容的设置要结合国外先进教育理念，根据我国教育现状提出如下四个注意事项。

第一，在设置课程时，要注重知识的系统性，打牢基础，从财务会计到各个专业会计，都要构成体系，让学生全面系统地掌握会计知识，加强职业素质，但也不能一味增加课程，在完善的同时也要注重精简课程，保证学生学的每一门课都不重复且对未来有所帮助。除了会计的主干课程外，还可以添加一些非主干课程，如资产评估、会计制度设计等。

第二，在设置课程时，不能仅仅局限于会计学科体系，要重视各学科之间的联系，打破传统的学科知识结构，除了一些基础的教育如计算机、外语、应用文写作之外，也要重视经济学、统计学和法律知识，并与会计知识相结合，形成新的创新学科，打破各学科之间的界限。例如，美国的课程设置十分看重综合分析类课程，各个专业都会设置管理信息系统分析、财务经济分析等综合分析类课程，通过这样的方法让学生更好地分析和解决问题。

第三，在设置课程时要考虑到社会需求和就业趋势。随着社会的飞速发展，各个领域频繁地更新技术和理论，相应地，会计课程也会不断更新。作为一名教师，应该及时更新自己的知识和理念，掌握会计领域的最新动向，并将其融入日常的教学中，不能让学生在学校学到的知识与社会职场中所需要的知识脱节。例如，英国由于致力于发展金融业，在其金融学科教育中，许多大学都在会计专业的课程体系中加入了金融工具、证券分析等课程，以保证学生在步入社会后能更好地适应工作。哈尔滨商业大学也开设了 ACCA 专业课程，并随着 ACCA 考试科目与内容的变化而相应调整，及时注意相关国际动向，使此专业培养出的毕业生真正达到相关标准，增强国际竞争力。

第四，在重视本国的会计发展的同时，也不能忽视国际会计的发展，要有意识地将国际会计的相关理念融入会计课程中去，让学生了解国际会计准则的发展趋势，与国际会计接轨，同时还应该在会计课程体系中增加外汇业务、外汇结算、国际会计准则等与国际会计相关的课程。除此之外，也可以加入有关国外管理会计实务法规、外汇风险管理、跨国公司会计实务等内容。在教授税务相关知识的时候，也可以融入国外公司的税收制度，经常举办一些专题讲座，让同学们实时了解到国外会计知识的更新变革，从而能在未来的工作中拥有更广阔的视野。

7.4 加强教材建设

各个学科的学习都离不开教材，会计专业更是要以教材为基础来对知识进行基础讲解，因此，加强教材建设对于会计卓越人才的培养至关重要，是其成功的基石，为卓越会计人才的培养提供了强有力的保障，但目前我国教材质量并不高，专业教材很多都是粗制滥造，因此社会各界都应该采取措施对其加以改进，淘汰掉那些粗制滥造的教材，从源头进行清理，保证学生们用的教材都是精心编写出来的。

一是教育工作者应该深刻认识到会计教材改革的重大意义。教材关乎人才培养的成败，是培养人才的基础环节，粗制滥造的教材不可能培养出卓越的会计人才，因此，只有提高教材质量，才能使卓越会计人才的培养得到有效的落实，同时教材也关系到教学方法的改革。结合当前的教育情况，我国会计教育方面的优秀人才并不多，师资水平总体不高，故而以教材为突破口来提升会计教学的质量不失为一个切实有效的好方法。

二是教材的内容应该与国际接轨，尽可能快地国际化，使学生掌握国际会计信息的新动态，适应未来国际化的经济环境和工作岗位，做一名合格的国际化会计人才。

三是相关部门要加强对教材市场的监管，通过相关的法律法规规范教材市场，建立严格的出版评审制度，不让那些不合格的教材在市场上流通，净化教材市场，让学生用到高质量的教材及学习资料。与此同时，出版社要严格进行把关，建立严格的出版制度，可以设立专门的部门对教材的出版进行审查和审批，不能因为费用高低而随意出版教材，污染教材市场，而应打造我国会计专业精品教材，推动教材的国际化发展。

四是会计专业教师也应该提高自己的素质，提高对自己编写教材的重视，把它视为一项重要的工作，时刻更新自己的知识储备，不让自己与社会脱节，与时俱进。让会计教学与我国的经济发展相适应，把教材的编写当作一项工作持续不断地进行。

除此之外，还可以适当引进国外原版教材，原版教材的优点在于实践性强，内容新颖，趣味性浓，能把抽象的理论形象地表达出来，利用原版教材可以及时掌握最新动态，拉近我们与世界一流大学的差距。

7.5　创新教学方法

就当前形势来看，我国在培养人才的过程中，仍然采用灌输式的传统教育方法，一味给学生灌输知识，不管学生的个性与特点，没能做到因材施教，学生的学习热情自然不能被激发出来，从一定程度上来说，阻碍了学生的个人发展。教育者应该仔细探究国际化的人才培养方案，总结出其中的特点，结合我国的实际情况，提出科学合理的教学方法。教育者应该重视培养学生的研究能力，通过多变有趣的教学方法激发学生的兴趣，调动学生的思维，使学生的独立思考能力得到提升，引导学生们自觉地参与到教学过程，激发学生们的创造思维。

7.5.1　强化案例教学法

案例教学法不论是在国内还是国外都受到一致的肯定，这种教学方法能充分激发学生自主学习的积极性，使学生在案例中找到自己的兴趣点，然后加以分析思考，使其独立思考能力得以提升。同时，案例分析大都需要学生们给出结论和措施，因此也可以培养学生的决策能力，这些能力对今后学生的发展有着至关重要和不可替代的作用。由于案例教学具备以上优点，我国卓越会计人才的培养中也使用了这种教学方法。在教学过程中，我国教育者太过重视理论性和假设性，而正确的教学准则应该是以“主动学习比被动学习更重要”为原则，案例教学则正好符合这种教育思想。

7.5.2 推行问题导向型教学法

近年来，还有一种教学方法也十分盛行，即“问题导向教学法”。这种教学方法不同于之前的“传递—接受”式的教育模式，在其教学过程中，老师只是起到一个引导作用，学生才是起主导作用的。教师根据教学内容通过提出一些问题来引导学生进行思考，让学生参与到教学过程当中，积极主动地解决问题，这样的方法能够激发学生的好奇心，能够让学生更快更深刻地学到知识。在实施“问题导向教学法”的学校中，教师们应该了解学生的知识水平和个性特征，根据这些因素来制定适合他们的案例，引导学生积极思考，在这一过程中，学生们不但能学到基础知识和技能，还能发展自己的创新意识和实践能力。

7.5.3 引入自学与讨论联动式教学法

在实施“自学与讨论联动式”教学模式的学校中，教师要根据所学内容与学习目的，给学生们一个学习大纲，并指明重点难点，让学生根据这些指引自主学习，自主学习之后可以和其他老师同学一起讨论、分析，弥补自己的不足，再由教师进行总结、点评和检查学习效果。在使用这种教学方法的时候要注重培养学生的归纳能力，重视研究方法。

在实施这种教学方法的过程中，教师应时刻注意与学生之间的互动，要在这个过程中共同学习，教学相长，也要处理好传授知识与培养能力的关系，不能像传统教育方法一样一味地灌输知识，要重视学生独立能力的培养，多引导学生进行质疑与探究，使学生能在老师的引导下主动学习。因材施教在现代教育中也很重要，每个学生都有自己的性格特点和适合自己的学习方法，教师们应该尊重学生的个体差异，运用不同的方式引导学生参与到学习中，让每个学生都得到充分的发展。

7.5.4　建立“一主二翼”卓越会计人才培养的教学方式

一直以来，我国在教育中都会强调“教”，而不是学，其实教育的重点是“学”而不是“教”，教师的责任是给学生创造一个良好的学习环境，选择适合学生的教育方法，教学生如何学习，教师与学生之间没有主动和被动，而应该是彼此学习，共同成长的，因此，可以构建“一主二翼”的教学方式，创建与之相适应的教学平台。

在“一主二翼”的会计教学方法中，学生应该是主体，应该是该教学方法的中心。二翼分别是指教师的“教”与“做”。既然把学生作为主体，就应该从学生学习的需要出发，将重点放在如何让学生的学习变得有效，重点解决学生该学什么、怎么学，以及学习效果等问题，给学生足够的自主发展空间，让学生真正做到主动学习，且是以一种积极的态度去主动学习。教师在教学过程中要有针对性，不能盲目地制订教学计划，应该根据学生的实际情况来确定教学内容和教学方法。为了提高学生学习的积极性，让学生的学习过程充满乐趣，教师应该根据实际需求有针对性地进行教学。

7.5.5 加强实践教学方式

（1）基础性实验。这类实验的主要目的是培养学生的基本会计技能，使学生符合培养方案中的基本标准。比如，当教师带领学生进行基础的会计实验课程时，可以设计“会计科目设置、原始凭证填制及审核、记账凭证填制及审核、账簿登记、报表编制”等基础实验项目。

（2）案例性实验。教师给学生提供一些仿真案例，学生自主进行分析，从而培养学生的思考能力和分析能力，在此过程中，学生的实际操作能力也会得到提升，在以后的工作中能够更快地适应。还可以把学生分成几个小组，比如，在进行 EXCEL VBA 程序设计实验的课程当中，设计终值现值计算模型、长期借款的敏感型分析模型、固定资产管理系统等实验项目；在进行网络会计软件开发技术实验课程当中，设计建立会计软件系统数据库、账务管理系统设计开发等实验项目。

（3）综合性实验。学了知识最终还是要落实到实践上去，实践能力才是检验学习成效的最好方法，因此，在教学中要着重培养学生的实践能力，多设计一些综合性实验项目，把学生分成小组，在 ERP 沙盘实验室完成。比如，在企业资源计划管理实验中，设计“采购管理—销售管理—库存管理—存货核算—期末业务处理”的综合实验；在企业经营实战沙盘模拟实验课程中设计“市场分析企业竞争目标及发展战略—生产决策—生产运作及流动资金周转—权益控制及财务分析”的综合实验等。

以上提到的这几个教学方法旨在提高学生对于日常教学的参与程度，基本都是以学生为中心，力求不仅仅让学生学习知识，更重要的是培养能力，把学生放在中心位置，时刻保持学生与教师的良好沟通。如果想改善教学效果，就必须引导学生参与教学过程，提高学生的参与意识，增加学生的参与机会，提高学生的参与质量，积极引导学生进行自主学习，发挥他们的潜能，培养其创新精神和实践能力，这样才能使各种教学方法发挥出真正的作用，达到真正的培养目的，取得预期效果。

为了能让未来的会计工作者具备合格的专业技能和高尚的人文精神，作为会计专业的教师应当时刻关注自身技能与素质的发展，不断更新自己的知识储备，提升个人修养，不断学习和总结实践中的新技能、新思想和新观点，保证自己是一位卓越会计人才合格的指引者。在“做”的方面，不但教师要做，学生更要做。教师在“做”的过程中要以培养学生“做”的能力为目标，但教师因为长期在学校工作，所以缺乏一定的实践能力，也不了解现阶段的社会状况。为了改变这一现状，学校可以允许教师到企业中挂职、顶岗或培训，也可以通过调研等方法提升教师的专业技能，还可以采取教师的双聘机制，让学生也能进行体验式教学，从而提高他们的实践能力。学生的“做”是把老师的“教”作为基础。在这种教学模式下，老师可以边讲边做，学生则可以边学边练，形成了“一主二翼”的教学模式，通过该模式可以有效增强教学的互动性和及时性，从而提高教学质量和学生的学习能力。

7.6　改进教学手段

随着科学技术的发展，教学手段逐渐从传统化转向现代化，卓越会计人才的培养更加需要通过教学手段的提升来提高教学质量，可以多利用多媒体技术和远程教育技术，让学生多角度、全方面地学习会计知识和实操技巧，从而提升学生的知识水平和操作能力。

7.6.1 运用多媒体辅助教学

多媒体辅助教学在当下看来并不稀奇，大部分地区的学校都引进了多媒体技术，通过多媒体课件和其他辅助教学手段，让学生在课堂上生动地理解知识点，通过多媒体把演示教学、模拟实践教学、互动教学等传统教学手段结合起来，同时还能节省时间，增加信息量，有利于教学内容的及时更新，避免课堂上单调的理论教学。

多媒体教学手段为教学改革提供了新的发展方向，学校和教师可以通过利用现代化信息技术，在网上建立教学平台，可以通过网上教学，减轻学生的学习负担，让会计的学习变得更加方便，激发学生的学习兴趣，同时，也方便教师及时对教学内容进行调整和修改，从而更有利于我国会计发展的国际化，实现国内外的教学资源共享，进一步提升卓越会计人才教育的教学质量，培养出高素质复合型的国际化会计人才。

7.6.2 发展现代远程教育

除了多媒体教育手段，远程教育也是一个提高教学质量的好方法。远程教育是指由指定的教育机构组织，综合利用一些科学技术手段，收集、开发、设计、制作和利用各种教育资源构建教育环境，并基于一定社会时期的技术、教育资源和教育环境为学生提供教育服务，以及出于教学和社会化的目的为学生组织一些集体会议交流活动，达到帮助和促进学生远程学习的所有实践活动的总称。在这些活动中，教师作为一种教育资源，是和学生保持一种永久分离状态的，而教育机构与学生、学生与学生之间则是通过各种手段时刻保持联系的。

7.7　强化双语教学

随着全球化进程的加速，一种语言已经不能满足卓越人才的工作需要了，因此在教学过程中要注重双语教学的实施，加快卓越会计人才培养的国际化进程。我们不能把双语教学简单地理解为用外语进行授课，而应该深刻理解双语教学的意义在于把语言作为一种媒介，让学生在学习过程中了解在不同的社会文化背景下同一事物的变化方式，理解不同背景下同一事物的不同体现形式。

在课程中加入国际化的教学内容对于实现卓越会计人才培养的目标十分重要，目的是提高学生在不同环境下的生存工作能力。课程改革势必要使课程国际化，课程国际化主要通过以下三种方式完成：一是开设一些专门的国际教育课程；二是开设一些关注国际主题的新课程；三是在已经开设的课程中增加一些国际方面的内容，紧跟国际会计学科新动向，使学生及时了解到最新的研究成果。

不论什么教学方式，中心都应该是学生而不是教师，双语教学方式也是如此，应该时刻以学生为中心，努力提高学生在课堂上的参与能力，时刻保持老师与学生的全面沟通。在双语教学的同时也不能忽视实践能力的培养，而要想提高学生的实践能力就要增加学生的参与机会和参与质量。

教材对于教学质量也十分重要，一本高质量的教材是卓越会计人才培养过程中十分重要的一部分，国外原版教材不仅质量高，而且还能让学生在外语环境下进行专业知识的学习。国外原版教材的主要优点在于其实践性强，内容也比较新颖，表达方式与国内相比也更加生动形象，有利于学生及时掌握国际专业领域的最新动态。但是，并不是每一本国外原版教材都能保持高水准，所以在引进国外原版教材的同时，要建立严格的审批制度。同时，国际有关部门也要提高认识，努力做好优秀教材的推荐整理和规划审批工作，并时刻关注各国教材的新动向。除了质量方面，在引进国外原版教材时，我们也要注意教材是否符合我国国内形势和人才培养的需求，只有适合的才是最好的。

7.8 推进实践教学发展

会计是一门理论性与技术性相结合的学科，社会和经济的发展对会计人才提出了更高的要求，因此，仅仅掌握了书本上的知识一定不能胜任会计工作，除了书本知识外，我们还要有较强的实践能力和职业判断力，以及综合运用所学知识解决实际问题的能力，这些都是会计实践教学中应该关注和培养的能力。当前，各大院校基本都以培养应用型人才为主要目标，突出了对人才实践能力的培养，这一目标与当代社会的需求是相适应的。卓越的会计人才更应该是一批应用型人才，以培养实践能力为主，重点培养人才的独立思考和综合运用所学知识的能力。在这种以实践性为主的需求下，一定要抛弃传统的以“教材灌输”为主的教学方式，建立起一种以培养学生兴趣，提高思考意愿和实践能力的多元化教学方法，达到知行合一的效果。

学校还应该建立起一种交互式的教学方法，通过分组讨论和案例研究，利用网络课程和丰富学习资源提高学生自主学习的效率，旨在建设起以学生为主的探究式、协同式和体验式的学习环境。作为培养会计卓越人才的教师，应致力于完善基于“反转课堂”角色的转变，在课上多引导、组织学生，在课下多为学生答疑解惑，补充知识点。除此之外，教师还应该不断丰富自己的知识体系，不断根据新的情况动态调整教学大纲，把会计领域的前沿问题和社会热点问题及会计师事务所中的实际问题引入课堂，提升学生自主学习的意愿。只有把握好时代的方向和社会的动态，培养出的学生才能成为卓越的会计人才。每个学生最后在职场和社会中的实际工作表现，是检验人才培养成果的最终依据。虽然学校是培养人才的主体，但政府、企事业单位以及各行业协会也会对人才的培养发挥巨大的作用，因此，我们应该构建多维度的协同体系来保障卓越会计人才的培养。学生的能力提升绝不仅仅靠在学校学习知识，更应该通过校外的实践来提高学生的能力，为之后的实习打下基础。同时，教师与社会各界应多沟通、多联系，互相帮助，共同提升。除此之外，学校还可以随时向用人单位进行信息反馈，时刻了解学生在外实习的情况。

学校应该把实践教学放在一个重要的位置，多与校外企业沟通，编写一些仿真度较高的实验项目，在项目的实践中要注意逐步递进和层层验证的编写原则。在编写项目过程中所用到的资料应该都是真实的，其中包括各种票据。学生在进行项目实验中，要把所涉及的财务资料进行分析解读，结合学到的知识，进行实际的会计处理。这种教学方法有利于帮助学生解决工作中遇到的实际操作问题，促进学生对于未来职业的思考。学校可以在开设专业课程之后的第一个学期安排相关的实践实验，让学生全面理解在课上学到的理论知识。在第二个学期可以利用电算化把手工综合实验资料进行仿真操作，让学生学会利用计算机完成会计数据电算化的工作。

单独拿出理论知识和实践能力任何一项都无法构成检验卓越会计人才的标准，只有把二者结合起来，能综合运用理论知识和实践能力的会计人才，才是考核真正卓越的会计人才的标准。卓越的会计人才要有扎实的理论基础，同时对其他相关知识也要有所了解。卓越会计人才要得到社会的认可才能做到真正的卓越，要时刻关注社会经济发展，掌握和遵守行业的发展规律，紧跟社会需求，实行订单式的人才培养模式。会计是一个需要广泛知识面且十分注重实践的行业，伴随着社会经济的发展，会计行业对于会计人才的需求越来越个性化。例如，许多企业都要求毕业生有丰富的实践经验，能把所学到的专业知识熟练地运用到实际工作中，除此之外，学生还应该熟练地使用英语和计算机，要了解相关的法律法规。除了这些具有普遍性的要求外，许多企业还会提出更加个性化的需求。比如，许多白酒企业都希望学生能更加熟悉税法，从而能为企业合理避税；大多数外贸企业都希望学生有扎实的英语基础，并且能够熟练地用英文处理工作。地方院校在培养卓越会计人才的时候则需要考虑本地区的社会经济发展状况，培养出符合当地经济状况的合格的会计人才。

在培养卓越会计人才的过程中，教师不仅要注重基础知识和理论的传授，还要重视学生的各项实践技能的培养，只有把基础知识和实践能力结合在一起，才能真正做到学以致用，这一观点已经被会计教学界所认可。这种教育观点在实际教学中的体现就是要加强会计模拟实习，从模拟训练中培养学生的实际操作能力，提高学生的实践能力和综合素质，让学生成为具有综合能力的复合型会计人才。

培养学生的实践能力不能没有目的地培养，要以企业的需要为目标，以市场为导向，创建一种开放式的新型教育模式，学校要坚持和校外企业的合作，协同培养会计人才，明确将培养实践能力作为教学目标。在具体实施的过程中，可以引入“外脑”，让企事业单位的人员和学校的人员组成委员会，共同合作制订教学计划。

考虑到学生毕业后将面临着就业的问题，学校在培养学生期间要有目的地营造一种企业的工作氛围，以便学生在毕业后能尽快地适应工作，确立工作和学习相互交替，互相结合的培养方向。与此同时，还要注意不断丰富实践教学的内容，这不仅对会计行业的整体发展至关重要，而且有助于提升我国的国际竞争力。在高校教育中，学校和老师面临着一个重要的问题，那就是该如何应对会计专业不断更新的教育趋势。为了解决这一挑战，学校和教师应该在教学内容和方法上不断借鉴一些从事实践教学的高水平教师的一些优秀经验，还应充分利用国内外资源，时刻保持与外校和社会企业之间的联系，优化建设实践基地和实验室，具体途径如下。

第一，关注实践与所学理论之间的衔接。在当代，越来越多的毕业生在毕业的时候无法适应社会和工作环境，甚至连一些基本的工作都无法完成，面对这种情况，各高校越来越重视实践教学，但实践课程和理论课程还有许多地方衔接得不够好，不能通过实践课程来巩固所学的理论知识，也无法通过实践提高工作中的能力，只有做好二者的衔接，才能保证学生在未来的工作中能真正地做到理论与实践的完美结合。学生们的学习成果可以通过一些活动和竞赛来体现，比如举办一些论坛、辩论等活动，还应该多与各单位联系，共同举办一些活动，从而增加学生参加实践活动的机会。

第二，改善校内的实践环境。现在我国大多数学校在上实验课时都只带学生做一些理性模拟，但这种模拟显然达不到真正的指导实践工作的作用。因此，在设置实践教学内容的时候，应当充分考虑这项活动对学生的实践能力是否真的有帮助，如果没有实质性的帮助，就要及时做出调整。各大高校应该提高实践课程的比重，充分鼓励学生在日常的学习中进行创新型实验，并与实际工作紧密联系，充分利用各种平台，锻炼学生的实践能力。例如，当学生在毕业或日常的学习中选择论文主题时，可以要求学生尽量结合实际情况，选取一些与社会实际紧密相关的主题。还可以建立一种“实践教学班”的学习模式，这种教学模式就是把合作企业的实习环节提前放到教学中来，根据企业的实际需求，组织实践教学班，学校和企业共同研制培养方案，由优秀的教师带队，让学生到企业去完成实习工作，并提交毕业论文，进行论文答辩。

第三，重视学校和社会企业的合作，经常举办实习活动，学校可以定期把学生分到与学校合作的企业中进行实地实习，与企业内部的财务人员进行学习，提高学生对实际会计工作的了解和认识。学校还可以邀请校外各合作企业的会计主管负责人到学校来进行讲座，使学生对会计工作有更深入、更全面的了解，再配合学校实验室的模拟实习，学生就能够真正掌握所学的理论知识，并把理论知识综合运用到实际工作中去。学校和企业还可以共同搭建训练基地，校内提供师资力量，企业配备培训人员。学校要建设好各种实验室，并邀请校外企业人员进行现场指导，满足实验课的需要，把各个学科的知识融汇在一起，提高会计人才的实践能力。这种合作的平台不应该是暂时的，而应做到长期的合作，学生只有长期接受这种教育，才能对实践工作有所帮助。学校在选择合作企业的时候，要优先选择一些专业水平较高，具有行业代表性的企业，激励学生积极参与企业的项目和培训，这样做不仅有利于学生的个人发展，也有利于学校和校外企业的合作，从而促进教育学科的发展。

第四，提高对毕业实习的重视程度。在校期间，不论学校如何重视实践教育，理论知识还是学生的学习重点，因此毕业实习对于提高学生的实践能力有着重要而不可替代的作用。在参与毕业实习的过程中，学生能够真正地把在学习过程中学到的理论知识结合到实践工作中去，不但能进一步巩固理论知识，还能提升了实践能力，为毕业后的工作打下坚实的基础。哈尔滨商业大学会计学院目前已经为本科生、研究生建立了实习基地，为学生提供了社会实践的机会。

第五，学校要加强教师队伍的建设。如果想提高会计的实践教育，就一定要提高对实践教师队伍建设的认识，选派专业的实践教师到企业和事务所中去工作，同时也可以聘请企业的优秀会计人才到学校任教，把他们的实际工作经验带入校园，让学生对会计实践活动有更深入的了解。

从目前社会对人才的要求来看，企业越来越重视人才的实践能力，重视学生的经验积累，如果学生没有经过实践，直接从学校步入工作岗位，就会缺乏实践动手能力，也会缺乏创新意识和能力。教学是不断研究摸索的过程，会计教学更是要随着社会的发展和实际情况不断调整教学方法，不断满足工作的需求，这才是教学的真正进步。教学的成功与否与实践教学的效果有着十分重要的联系，但除了实践外，还有许多因素是会计教学中不能忽视的问题。人才的培养是一个系统工程，需要各个方面的全面配合，每一个要素都要得到保障，只有如此，才能培养出适应现代社会的卓越型会计人才。

7.9　提高会计职业素质培养

如果想培养出卓越的会计人才，不仅要牢固地掌握会计专业的基础知识，更重要的是综合素质的提升，要能够接受新的观念，有较强的风险意识，培养竞争意识，勇于开拓创新，从而能够适应当代社会的飞速发展，做一名合格的会计人。

7.9.1 会计职业道德培养

能力很重要，但比能力更重要的是道德，任何职业都需要道德作为支撑，因此要把会计职业道德摆在会计教育的首要位置。教师在向学生传授知识的同时，更要让学生知道做一名合格的会计人才需要具备哪些道德品质。会计职业道德的养成不是一朝一夕的，而是在长期的学习和生活中逐渐培养出来的，它是一名卓越会计人才的核心竞争力。会计职业道德的养成不仅有利于个人的发展，其对于整个社会的发展也是至关重要的，因为职业道德直接影响着经济秩序。最近，在我国甚至全球范围内都出现了一些财务丑闻，这些丑闻的出现说明会计行业的整体职业道德水平还不高，因此，提升会计人才的职业道德，是重塑会计形象，提升行业名声的必经之路。在日常的会计教育中，一定要提升对诚信教育的重视，让学生在在校期间就养成良好的职业道德，为今后的职业奠定良好的基础。会计职业道德的首要要求就是诚信，应用到实际工作中也就是不做假账。朱镕基曾说过："不做假账是会计从业人员的基本职业道德和行为准则，所有会计人员必须以诚信为本、操守为重、遵循准则、不做假账，保证会计信息的真实、可靠"。在学生进行理论知识学习前，学校可以组织学生去校内外的实习基地、企事业单位进行学习，提高对职业道德的认识，多进行职业道德相关的主题讲座，让学生在未来的工作中做一名合格守信的会计。

7.9.2 提高学生创新能力

如今，创新能力在各个领域中都逐渐突出了它的重要性，国家的建设需要源源不断的创新型人才，因此，要想成为一名卓越的会计人才，创新能力是不可或缺的一项能力。所谓创新型人才，就是要具有创新意识、创新精神、创新思维和创新能力，在日常教学过程中，教师要着力培养学生的创新意识，让学生有独立思考的能力，通过自己的分析和创造，不断提升专业知识和技能。

如果会计人员不跟上时代的步伐，不着重培养自己的创新精神，就会被抛在后面，也会使经济发展受到阻碍。学校要想培养出有创新能力的卓越型会计人才，就要树立创新教育的理念，不但要培养学生学习基础知识和实践技能的能力，更要有意识地培养学生的创新意识和创新能力。社会也要提升创新型人才的社会地位，给创新型人才一个良好的成长环境。

7.9.3　提高会计人才国际竞争力

随着全球化经济进程的加速，人才的国际化越来越显示出其重要性，因此，在培养卓越型会计人才的过程中，不能只关注我国的人才需求，更要把人才放到国际中，按国际化的标准去培养人才，提升我国会计人员的国际竞争力。学校应实施“引进来、走出去”的人才国际化培养战略，多吸收其他国家的会计人才，同时也让我国的会计人才能够走出国门，与国际接轨，多开展国际学术交流合作，吸引海外留学人员、国外学者，培养从事国际业务的国际化会计人才。

知识是经济发展的基础，全球经济一体化也是时代的必然趋势。我国的高等教育也开始从精英化转变为大众化，受教育的人逐年递增，这就导致了量与质的问题，该如何把量与质结合起来是我国教育面临的一项重要问题，如果不能很好地将二者结合起来，必然会影响我国会计教育的发展。

在日常教学过程中，多开一些国际化的教育研讨会，邀请各个国家的专家学者来讲授不同国家的教学内容和教学方式，让我国的教育工作者掌握最前沿的教育方法，学生也能了解到最前沿的理论知识和实践方法。除此之外，学校还可以积极引进一些国外优秀的师资力量，通过介绍不同的文化背景和思维方式来开拓新的教育方法。在扩大学生数量的同时，也要注重能力的培养，解决人才的“量”的积累，并实现“质”的飞跃。

7.10　加强教师队伍建设

师资队伍的质量与教育的质量有着十分重要的联系，培养卓越会计型人才的教师团队一定要具有扎实的理论基础、过硬的实践能力，还要有学术创造热情、创新思维，以及较高的职业道德水平，且这些教师的目光不能仅仅局限在国内，一定要走出国门，引进国外先进的教育方法，使国内的学术国际化。在对卓越会计人才进行培养的过程中，学校要按照卓越计划的要求，选定有能力、有影响的名师作为负责人，并尽量以中青年教师作为核心成员建立教学团队，通过引进一些国外高端先进的教学设备和教学方法提升教学质量，定期到国外进修，致力于打造一个有影响力的教学团队。首先，学校应该实行校内优秀教师与校外兼职教师相结合的方式来建设师资队伍。校内教师有渊博的专业知识，严谨的治学态度，而校外的企业兼职教师有丰富的实际经验，良好的职业道德修养，这二者的结合能让会计人员做到全面发展。其次，学校还可以实行教师与注册会计师结合的新机制。学校的教师大多都具有较高的学历和扎实的理论基础，但同时也都缺乏实践经验，因此，学校应该支持这些教师到校外进行实习和进修，激励教师考取注册会计师资格，从而提高整个卓越会计人才建设的师资水平。最后，学校还可以实行评定与激励制度，通过视频公开课、精品公开课等工程促进教学改革，利用奖励制度促进教师创新教学方法，更新教学内容，从而提升教学水平。

除此之外，教育国际化也是培养卓越会计人才的一个很重要的因素，而教师是高校最重要的教育资源，教育国际化的关键因素是师资队伍的国际化，因此，建设和拥有一支结构合理、业务精良、爱岗敬业、团结协同、具有创新思维和创新能力的师资队伍是实现会计教育国际化、提升教学质量水平的关键。

首先，在进行卓越会计人才培养之前要明确好教育的指导思想。其次，还要着力提升教师的理论水平，多与国外的学校进行学术交流。教师们要充分认识到自己不仅仅是给学生传播知识的人，同时也是研究高深学问的人。除此之外，学校还应该多鼓励教师进行创新活动，要想学生具有创新能力，教师也一定要有意识地提高自己的创新能力。

在教师的实践素质的培训方面，我们要多向美国学习，美国的会计家与改革委员会自1989年开始出台了许多项改革措施，得到了很多家会计事务所的支持，双方不断交流讨论，不断提升美国的会计教育水平，我国也应该向美国学习，根据自己的实际情况，实施相应的措施，不断提高教师的实践素质。

7.11　加大教育资源投入力度及使用效率

随着经济全球化的日益发展，特别是在我国加入WTO后与国外的各项合作越来越密切，在迎接机遇的同时也面临着诸多挑战，因此，会计人才面临着越来越激烈的竞争。虽然我国的教育水平与从前相比已经有了较大的提升，但是教育资源投入不足的问题仍然存在，为了培养出卓越型的会计人才，我们除了提升教学内容的质量和改善教学方法外，还应该在教育资源方面加大投入。

我国的教育经费主要来源于政府，不像一些发达国家甚至一些发展中国家，虽然大部分的教育资金也靠政府投入，但私人的捐赠也占了很大一部分。以往人们大都认为，私人捐赠主要是私立大学的教育资金来源，但现在来看，私人的捐赠对于公立大学也显得尤为重要，为了改善这一局面，国家和政府应该积极鼓励社会各界捐赠教育资金，让我国的教育能够健康、良性地发展下去。

7.12 改进考核评价体系

当前，我国的教育体系还不完善，人才培养模式也有许多需要改进的地方，因此，我们应该多向国外的先进高校学习，借鉴他们成功的经验，在借鉴的基础上，有计划地建立一套适合我国实际情况的、健全的学习成果考核评价体系，从而可以检测我国人才培养的整体水平，有针对性地进行提高。

具体可以从以下三个方面入手。第一，评价内容要全面。目前，我国高校主要是以期末考试成绩为评价指标，判断学习成果的好坏，但除此之外，演讲，论文等形式其实都可以很好地反映出一个阶段的学习成果，在评定平时成绩的时候应当多样化，如出勤情况、上课回答问题情况、实践的参与情况、案例分析情况、科研创新情况等，都可以反映出学生的个人能力和学习效果。第二，评价指标要系统化。评价体系不应该只反映出学生的一个方面，它应该是全面的、系统性的、重视个性发展的。第三，评价结果要适当。评价结果是反映一段时间的学习成果和下一段时间需要努力改进的方向，因此要保证评价结果的恰当性，只有保证了恰当性，才能真正达到完善教学模式的作用。

除此之外，学校还应该转化考核方式。其实在平时的教学过程中，有很多学科是不适合用试卷的方式进行考核的，但在现阶段，我国大多数高校的大多数学科还是以试卷考核为主，这种考核方式很难培养出学生的综合能力，因此，应该更新、转换考核方式，可以通过讨论、PPT 演讲、案例分析等多种考核方式相互结合的方法对其进行考核。

7.13　积极参与国际合作办学

虽然我国教育水平在不断提升，但不得不承认，在很多方面还存在缺点和漏洞，随着全球竞争的不断加大，培养出国际型的会计人才的需求越来越强烈，因此，我国高校应该多参与一些国际合作办学，以培养更多的具有国际背景和精通国际财务知识的新型会计人才。

中外合作办学这一教学形式有很多优点，例如，这种教学形式能够较快较准确地吸收和借鉴到一些先进的办学模式和教学理念，在课程设置上也可以有所提升，教师的经验和技能都能在短时间内得到质的飞跃，因此，国际合作办学是一个国家高等教育国际化的重要形式。

我国实行卓越型会计人才培养计划的目的就是能够培养出一批有知识、有能力、高素质的会计人才，在今后竞争激烈的国际经济环境中，能够自如地处理各种实际问题，能在职场中随机应变，综合运用自己学到的理论知识和实践技能，满足国际化的需求，在我国的经济发展中贡献出会计人的一份力量。

第8章 卓越会计人才培养的保障体系设计

对于培养卓越会计人才这一问题需要各层面社会主体发挥各自的作用，会计人才培养机制仍须健全，会计人才培养渠道仍须拓展，各种会计人才培养主体的积极性和能动性未能充分发挥，不断深化会计人才培养，逐步形成以政府为主导，学校为主体，行业协会为辅助，其他社会组织为依托单位进行卓越会计人才的培养，为卓越会计人才培养模式提供保障。

8.1 政府部门充分发挥主导作用

政府在卓越会计人才培养的整个过程中要发挥组织、协调、指导作用，主要从政策法规、环境支持和激励措施三方面对其进行协调和指导。

8.1.1　加强卓越会计人才培养的政策支持

当代中国，政府在许多方面都是主导力量，企业作为市场主体，自然也受到政府的指导。国家应加大在卓越会计人才培养方面的投入力度，确保卓越会计人才培养的顺利实施，经过税收、贴息等相关优惠政策激励和指引社会、单位以及个人投资培养开发国际化会计人才。

建立在政府引导下以企业为主体、市场为导向、多种方式的产学研战略联盟，通过共同建设卓越会计人才培养平台，实施重大人才培养方案，开展合作教育，培养更多高层次、复合型国际化卓越会计人才，同时实施研究生教育向国际化方向发展，建立高等学府、科研院所以及企业内高层次人才之间的双向交流制度，推行产学研联合的“双导师制”来培养研究生，为国际及国内会计领域输送高素质的专业人才。实践“人才 + 项目”的培养形式，以国家重大人才计划以及重大科学研究、产业攻关、工程、国际协作等项目为依托，将企业的作用落实，在实践中汇聚和培养具备国际视野的卓越会计专业人才。

引导会计专业人才在地域间流动，进行交流与合作；学习国外先进的人才培养模式，使会计人才具有国际视野及国际竞争力，使其在激烈的国际竞争中仍可保持优势，为会计人才的国际化发展开辟新道路。完备人才市场，专门化管理各级人才市场对人才的类别和层次，切实掌握国际化人才的动向，为我国服务；大力发展猎头公司，加强海外人才市场的运作，为我国企业寻找国际化人才。

在保证会计人才国际化培养的进程中，政府部门不仅要提供经济政策方面的支持，还要建立健全一套完善的国际性证书认证体系，积极推动会计人才培养的国际进程。比如，建立起国际认证的 CGA、ACCA 的培训与认证体系，鼓励会计专业人员考取这些资格证书，从而使会计人才培养的国际化进程进一步发展。

现如今中国高等教育国际化水平尚处于与国际接轨的初始阶段，高层次人才外流现象十分严重，因此，国家亟须解决的问题是通过制定合理的人才政策、创办一流的大学来吸引人才。因此，应加强本土教育的国际化，采取引进专家、联合办学等多种方式来促进我国高等教育在国际上的交流与合作，从而使会计专业人才的国际视野得以提高。

8.1.2 完善卓越会计人才培养的环境条件

良好的学术环境是建立、激发会计人才快速成长机制的基础，采取高效、系统、合理的措施改善我国的学术环境刻不容缓。可以通过举办国际学术会议，在与国际学者有效交流的同时，逐渐提高每次会议的层次，使会议及其成果在学术界与教育界产生重大的影响力，从而提高我国高等教育水平与教学管理水平。良好的工作及生活环境、人际环境、学术环境等可以激发会计人才的工作热情，这样更能形成一个良好的循环机制，有助于我国建立更完善的优秀人才成长机制，进而提高学术的影响力与发展潜力。

我国人才发展规划纲要指出，要实行“引进来”和“走出去”的人才战略。这一原则在卓越会计人才的培养上也同样要遵循，以此来营造一个更为开放的环境推动优秀人才在国际间的流动。“引进来”主要吸收国外先进的从业人员来华工作或留学，以及高层次留学生回国工作或用其他方式为我国服务，这就需要我国制定一系列特殊政策和措施，如完善出入境政策和长期居留安置、解决子女上学问题、税收、保险，担任领导职务、予以重大科技项目、参加国家标准的制定、政府嘉奖等多个方面，此外还应制定海外高层次人才的特聘制度，使卓越会计人才的培养提升到一定的高度。

“走出去”要推动公派出国留学规模的扩大，完善会计人才出境培训的管理，从而使境外教育资源进一步优化；建立联合人才培养基地，促进高等院校与海外高水平教育及科研机构合作，发展我国企业在海外建立人才培养机构；支持并推荐优异的会计人才去国际组织任职，扶持国际会计人才中介机构的发展，并推进会计职业资格在国际、地区间的相互认证。同时，要形成正确的人才国际化观念。我国以往的传统用人方式在人才创新能力等方面有太多的制约条件，所以给其创造一个宽松的发展空间和条件是极为重要的。坚持以人为本，爱惜人才，真正鼓励其全身心投入工作，勇于尝试进取，这样才能发挥其潜力，并在人才国际化的同时促使社会经济发展向国际化迈进。

8.1.3　建立卓越会计人才培养的激励机制

我国应采取相关的激励措施来实现我国国际化会计教育事业的重大突破，促进会计事业得到整体发展。对在会计教育中做出卓越贡献的单位和教育工作者进行褒奖，如在 2002 年设立“杨纪珂奖学金”来纪念推动我国高级会计人才进步的新中国会计制度的奠基人之一杨纪珂教授。此外，还应为我国高等学校或者科研单位在会计专业任职和学习的专业人员分别设立指导教师奖、学术奖和优秀学位论文奖三个奖项。

为了扭转目前考核过于集中、量化程度较大的倾向，并完善教学评价及奖励的模式，在采取相应措施的同时也要注意以下几点。第一，不应仅注重对基础课题的研究，还要深度探索专业前沿问题、社会公益类课题等方面。第二，建立相应绩效综合评价制度需要加强对科研机构的资金投入。第三，在实现会计教育事业蓬勃发展的过程中，要持续给予高水平科研团队以支持，并关注科研关键岗位和优秀人才。

8.1.4 完善卓越会计人才培养的高校评价工作

国家教委组织对于高等院校教学评价的工作意义是非常重大的，它是提高会计教学质量和效率较为科学且有效的手段，对卓越会计人才培养起到重要的推动作用。

教学评价工作具有以下四个功能。第一，鉴定功能。评估及鉴定高校的教学工作，考评其各项工作是否真正是以教学为中心。第二，诊断功能。通过详备的教学评价来发现高校在教学中是否存在诸如课程设置不当、教材建设不精、教学方法与手段不适、实践教学不实等问题。第三，调控功能。政府应当对高校的办学思想、教学工作、学校秩序进行调控，以加强其办学能力。第四，激励功能。适当对高校在评估教学水平方面施压，以促进其能力提升，并有效完成会计人才的培养。

高质量的教学是社会的需要，且对高校来说也是必需的，政府的教学评价要做到对教学实践活动的科学规范，并以其强大的凝聚力及激励作用，推动会计教育的健康发展。

8.2 高校充分发挥主体作用

潘懋元先生在谈论大学的三大职能的关系时曾说过：“高等学校三个职能的产生与发展是有规律性的。先有培养人才，再有发展科学，然后直接为社会服务。”高校应该将培养人才作为核心来进行教学、科研及社会服务等工作，进而保证教学水平和质量达到国家所规定的标准。在培养卓越会计人才的过程中，高校作为主要渠道应充分发挥其主体作用，承担其重要责任，为国内外输送高质量的国际化会计人才。

8.2.1　完善高校内部治理机制

在我国高校教育体制的改革中，其目标是建设现代大学体制，即结合政府、学校双方进行管理，面向社会，并依法进行自主办学的体制，所以要处理好三对关系：①控制与自治的相互关系。在政府宏观控制与学校自治的同时与社会保持高度的联系；②自主权程序性与实质性。明确高等学校权力的分配及行使问题；③自主权的层次性。不同国家高等教育内部在办学自主权上存在着层次差异，这与其教学水平层次相关。

第一，建立健全高校章程。高校对于一个学校办学及发展目标、主要任务等方面都有着明确的规定，其作用相当于高校"宪法"，然而在我国却只有中国政法大学、吉林大学等个别学校制定过。教育部于2010年12月16日发布推动高校章程建设，将在以北京大学为首的26所部属高校建立健全，如《北大章程》将明确学校使命、学生培养方向等一系列根本性问题。

高校章程是大学的行政规章，但多数高校、政府单位、司法机关、社会机构及受教育者忽略了其本身具有的法律效力，致使章程闲置的情况普遍存在，制定程序也广受质疑，但实际上，高校章程的法律效力是不仅仅局限于大学管理的，同时也对学校在与政府、社会权责关系的处理上起着重要的作用。高校章程必须通过立法程序来制定才能成为大学的最高宪章，其制定程序要由高校相关行政部门、党代会或者教代会以及主管部门分别进行起草、审议及审批。我国教育体制改革小组应当依循《教育规划纲要》所规定的整改思路，高度重视并科学系统地推进大学章程的制定及其试点工作。这是教育系统内部、社会公众乃至人大机构都应积极参与到其中的。

第二，推进人事制度改革。随着我国高等教育体系层次的不断提高，各地政府对高等学校人事制度改革的重视程度也逐渐提高，目前已经合理制定了适应我国现在市场经济体制和适合高等教育事业进一步发展的高等院校的人事管理制度。推进人事制度的改革，我们应该秉着平等、公开、择优的原则健全内部竞争制度，根据学校实际情况选择优秀人才进行任用。另外，我们应该设置相关监督机构及争议调解机构来解决人事制度在改革时所出现的在职员聘任及分配、绩效考评等过程中的相关争议。

第三，当前我国经济飞速发展，高校的学术水平及人才培养的质量也随之大幅提升，研究生教育逐渐扩大，故而原有的单一的教研形式，即院—系—教研室已不能满足现在对于人才的高水平要求，且不能继续满足高校的办学要求。

针对以上问题，建议设立会计研究所机构，进行专门的学术研究，以此更好地服务社会。研究所机构与原有的教研室相比，最大的特征就在于能够实现会计专业本、硕教育相结合、教学与科研相结合。在保证了学术充分自由的同时，也能完成教授治学。会计研究所一般按其学科设置，分设成为若干个会计专业课题组或是研究室，其设立条件包括有明确科研领域和方向、合理结构以及充足数量的会计专业在职研究人员，构成结构相对稳定合理的会计专业研究队伍，并有能力研究省部级以上科研项目。所以，建立会计研究所机构是建设研究型大学以及完善现代大学制度的客观要求。

第四，完善高校内部审计制度。当今内部审计机构的重要作用不仅仅体现在现代企业中，同样体现在高等院校中。现代高等院校应采纳上市公司的治理模式，将内部审计机构在其治理过程中所处的位置及应尽的职责进行明确界定，可以将内部审计工作的业务内容诸如内审工作计划及业务范围等内容向校长负责，将行政内容诸如内审人员配置、选拔以及再教育等内容向党委书记负责。此外，业务上的职责由监察管理，行政上的职责由纪委管理。

8.2.2　举办国际会议并引进外籍教师

为使高校的教师及学生了解当今世界的前沿学术和实务二者的理论及方法，学校应以自身为依托，邀请其他国家优秀专家学者进行不同的研究内容及方法方面的演讲或来校参加国际学术及重要问题的研讨会。另外，调整高校师资的结构和比例，大力引进高水平外籍教师，从而在思想文化、价值观念等方面对学生进行发散思维的教育。

8.2.3　及时进行教学评价

与其他评价体系不同，教学评价是一种非静态的，具有严格流程的评判过程，它具备一套专属的评价指标与标准。教学评价的实施首先要进行准确的教学测量，然后通过一定的方式方法搜集有关的资料并进行价值判断，以此来实现准确有效的评价。同时，教学评价具有多种功能，具体包括以下四个方面。

第一，检测功能。教学评价结果应该具有客观性，可验证性，其依据是测定的结果。通过对测定结果的分析与研究，并采用观察、考试等多种途径制订一套合理完整的教学计划，选择适合当代学生发展的教学内容，正确选取授课所需教材，挖掘出高效的教学方式，为评价与检验教师的教学效果和学生的学习成果提供客观依据。

第二，诊断功能。诊断功能的效用主要体现在三个方面，即学校的角度，教师的角度与学生的角度。虽然诊断功能对三个角度的具体作用不同，但是其本质都是使主体及时发现自身与非自身的问题，进行自我监督与他人监督，反省并积极改进。

第三，导向功能。导向功能是教学评价的核心功能，教学评价的实施对教学活动产生积极的推动力，促使教学者对学生进行全面的培养并及时改进学生学习状况，扩大学生未来的发展空间，同时达到评价学生学习成果的目的。

第四，研究功能。作为教育教学研究的重要组成部分，教学评价体系伴随着教育行业的发展需要进行不断的完善，对于不同的评价对象，教学评价的方法与手段也需要进行实时改进，因此，教学评价是一个科学探讨的过程，其在很大程度上促进了教育教学改革与科学研究的进一步开展。

教学评价的意义在于让学生对自身的情况有横向和纵向的综合比较，在全面了解自身情况的同时可以清晰地意识到自己与外界客观要求的差距，激发了学生的学习热情，明确了他们的发展方向。

8.2.4　及时发现卓越会计人才培养中存在的问题并进行相应改进

在培养高级会计人才的过程中，要培养主体承担责任，同时还要明确人才培养中存在的问题并给予积极的改正措施，为会计人才的国际化培养能够高质量的推行提供强有力的保障。

8.3　行业协会发挥应有职能

随着会计行业的发展，行业协会对整个会计行业的影响越来越显著，并且在国际化卓越会计人才培养的进程中也起到越来越重要的作用。因此，行业协会在各个方面应起到正向的引导作用，积极地推动国际化卓越会计人才的培养进程。值得一提的是，截至目前，行业协会在提高从业人员专业素质与执业水平等方面都取得了显著成效，但同时应该清楚地意识到我国会计行业队伍的专业素质水平等与国际水平相比仍存在较大差距，为适应国际化会计行业发展的新趋势，行业协会应充分发挥其职能，具体表现在以下三个方面。

第一，行业协会应充分发挥行业管理工作与行业培训制度的推动作用。行业协会要合理规划行业培训工作，及时调整培训制度，在加强课程开发、教材编写与师资队伍建设的同时，也要注重对行业内高级人才专业素质与执业水平的培养。

第二，行业协会应充分发挥行业培训的支柱作用。通过各种合理途径掌握区域内全部会员的专业素质、职业道德及执业水平现状，并在此基础上加强行业继续教育培训教材的开发与培训内容及手段的创新。要长期与当地高校合作，成立高层次师资队伍，达到提高继续教育培训成果的目的。

第三，行业协会应积极发挥行业培训的基础作用。行业协会要充分利用自身的培训能力与渠道，通过多种方式和手段，如案例分析、知识讲座、学习论坛等调动从业人员的主观能动性和积极性。

参考文献

[1] 李晓慧．会计教学体系研究：来自英国大学的借鉴［J］．会计研究，2009（10）

[2] 陈晓芳，翟长洪，崔伟．中外高校会计本科人才培养模式比较研究［J］．财会通讯（学术版），2008（5）

[3] 孙铮，王志伟．加入 WTO 后中国会计高等教育面临的挑战与前景［J］．会计研究，2002（6）：33～35

[4] 孙育新．试论国际会计人才的素质建设［J］．商业研究，2003（19）：156～157

[5] 何军峰，黄红球．高校会计专业人才培养模式创新思考［J］．会计之友，2006（3）：52～53

[6] 沈英．国际化会计人才培养模式研究［J］．财会通讯（学术版），2006（4）：43～45

[7] 刘丽影．知识经济时代国际化会计人才的培养［J］．中国乡镇企业会计，2006（5）：76～77

[8] 傅建雯．现代会计人才素质的十大转变［J］．会计之友，2007（1）：45～46

[9] 曹慧民，柴庆孚．会计准则国际化与我国会计教育［J］．中国农业会计，2007（3）：20～22

[10] 庄学敏．建立国际化会计人才培养体系的思考［J］．中国乡镇企业会计，2007（10）：128

[11] 王琴．会计国际化视角下的人才培养模式选择［J］．财会通讯，2008（3）：25～27

[12] 沈颖玲．国际化会计人才培养课程体系的动态调整［J］．会计之友，2008（3）：73～75

[13] 郭永清．论我国高级会计人才培养体系的构建［J］．会计研究，2008（10）：80～83

[14] 李晓慧．会计教学体系研究：来自英国大学的借鉴［J］．会计研究，2009（10）：77～82

[15] 古利平．会计国际化教学相关问题探讨——基于ACCA双语教学的思考［J］．财会通讯，2010（3）：41～42

[16] 刘玮玮．关于会计双语教学的若干思考［J］．会计之友，2010（2）：110～111

[17] 叶怡雄．强化会计实践教学培养国际化人才［J］．会计之友，2011（2）：115～116

[18] 刘丽华．会计继续教育国际化发展的途径——基于云南“桥头堡”战略下的会计人才培养规划［J］．会计之友，2011（9）：124～126

[19] 郭化林，何乒乒．论会计国际化人才培养文化差异及其协调［J］．财会通讯（综合），2011（12）：16～17

[20] 王丹舟，郑婕颖．国际化会计人才培养本科创新实践——基于CIMA实践的调查分析［J］．财会通讯，2012（4）：29～30

[21] 胡永平．西部地方高校财会专业国际化人才培养困境与对策［J］．财会月刊，2012（9）：96～97

[22] 张海兰，邢伟平．高校会计专业教学模式构建探讨——基于会计国际化背景下能力培养的思考［J］．财会通讯，2013（10）：40～41

[23] 何传添，刘中华，常亮．高素质国际化会计专业人才培养体系的构建：理念与实践——中国会计学会会计教育专业委

员会2013年年会暨第六届会计学院院长论坛综述［J］. 会计研究，2014（1）：91~93

［24］何丹，吴芝霖. 创新型会计国际化人才实践教学模式研究［J］. 财会月刊，2014（7）：113~117

［25］陈冬，周琪，唐建新. ACCA专业教育有助于培养国际化会计人才吗？——来自武汉大学的经验证据［J］. 财会通讯，2015（10）：47~50

［26］楼继伟. 全面深入贯彻落实人才强国战略大力推进全国会计领军人才建设［J］. 财会与会计，2015（23）：6

［27］陈英，林梅，吴海平. 国际化会计人才培养研究——基于高校与企业视角［J］. 黑龙江高教研究，2015（10）：150~151

［28］兰飞，蒋园园. 财会专业国际化人才培养体系的构建［J］. 财会月刊，2016（15）：123~125

［29］叶桂梁. 我国复合型会计人才培养模式探讨［J］. 国际商务财会，2016（5）：71~73

［30］李继志，邓美云. 国际化人才培养质量保障体系的构建与实施——以一般本科院校ACCA方向班为例［J］. 商业会计，2017（17）：113~117

［31］刘杰，吕荣华. 培养复合型国际化会计人才的模式探讨［J］. 国际商务财会，2017（4）：69~70

［32］赵润廷，张俊平. 创新型人才的培养和管理［J］. 山西财税，1998（8）：9~10

［33］姜宏德. 知识经济时代呼唤创新型人才［J］. 教育探索，2000（6）：17~18

［34］李大公，姚美珍. 试论高校创业人才培养［J］. 生产力研究，2002（3）：203~205

[36] 张进．关于高等院校构建创新创业人才培养体系的思考［J］．南京社会科学，2006（12）：125～128

[37] 曹胜利．建设创新型国家与创新创业人才培养——关于“第三张教育通行证”几个认识问题的探讨［J］．南京社会科学，2008（6）：59～62

[38] 李华．以“课程群”建设促进创新创业人才的培养——以国际经济与贸易专业为例［J］．中国成人教育，2008（12）：124～125

[39] 李飞．基于远程教育环境下培养会计创新型人才的探索［J］．会计之友，2009（7）：92～93

[40] 赵红梅，廖果平．以构建核心竞争力为导向的会计本科创新创业教育．［J］．会计之友，2010（4）：115～117

[41] 孔令辉．高校会计人才培养模式研究——基于金融危机视角［J］．财会通讯（综合），2010（8）：95～97

[42] 敬采云．会计专业创新人才培养模式研究［J］．财会通讯（综合），2011（9）：43～44

[43] 刘丽华，李旭．会计专业本科教育国际化研究——基于中国—东盟贸易区会计人才培养方案．［J］．财会月刊，2011（9）：104～105

[44] 吴中华．创新型会计人才培养与 ERP 仿真教学模式创新研究［J］．财会通讯，2012（5）：43～45

[45] 邓学衷，姚俊俊．基于创新学习的本科会计教学改革探讨——以长沙理工大学“卓越会计人才培养模式”为例［J］．财会通讯，2013（7）：52～54

[46] 程翠凤．基于实践与创新创业能力导向的会计信息系统教学研究［J］．财会通讯（综合），2013（5）：93～95

[47] 周凌宇，余文华，舒铁．创新创业人才培养课程体系

的初步设计［J］. 职业与教育，2014（11）：180～182

［48］田志心. 创新人才培养模式成就会计领军人才——写在全国会计领军（后备）人才（学术类）培养十周年之际［J］. 财务与会计，2015（19）：22～23

［49］樊丽明. 创新创业核心素养：理论研究与实践探索——以上海财经大学为例［J］. 中国高教研究，2016（10）：83～87

［50］王文华，王卫星，沈秀. 基于商科创新创业人才培养的实践教学探究［J］. 实验技术与管理，2016（12）：21～24

［51］章振东，卢洁. 新常态下管理会计创新探讨［J］. 会计之友，2017（5）：30～33

［52］张各兴. 会计转型期发挥会计领军人才"引领"作用及创新培养模式的再思考［J］. 财务与会计，2017（10）：6～8

［53］张立康，秦建英. 培养复合型应用型人才的探索［J］. 中国成人教育，1998（12）：40

［54］李汉芳，谢长儒. "应用型高级会计人才"的知识结构［J］. 商业研究，2000（8）：16～17

［55］曹晓丽. 理工科院校会计学专业复合型创新人才的培养［J］. 财会月刊，2003（1）：56～57

［56］李笑雪，张银华，李海蓉. 对应用型会计人才培养目标与模式的研究［J］. 会计之友，2004（6）：9～10

［57］陈玉荣. 加强会计实践性教学培养应用型会计人才［J］. 会计之友，2005（3）：49～50

［58］张芸. 应用型教育课程设计［J］. 教育探索，2005（4）：32～33

［59］李玉茹，孙克新，孙文先. 对本科会计教学模式的探讨［J］. 财会月刊，2005（12）：73～74

[60] 王福英．加强会计模拟实验教学培养应用型人才 [J]．会计之友，2006（10）：62～63

[61] 刘永泽．如何培养高层次的应用型人才 [J]．会计之友，2006（7）：67～68

[62] 张宝悦．适应应用型会计人才的培养——高职会计专业《财务会计》课程教学改革初探 [J]．会计之友，2007（2）：62～63

[63] 胡敏，聂洁，杨萍．关于培养应用型会计人才的思考 [J]．商业现代化，2007（5）：286～287

[64] 贝洪俊．基于核心竞争力的高素质应用型会计人才培养模式 [J]．黑龙江高教研究，2008（3）：126～129

[65] 廖联凯，洪莛．高校会计专业校外实习体系思考 [J]．财会通讯，2009（1）：48～50

[66] 江兰天．应用型人才培养模式下的会计实践教学体系设计 [J]．会计之友，2009（7）：85～86

[67] 陶学伟．应用型会计本科专业人才培养模式研究 [J]．商业会计，2009（10）：51～52

[68] 蒋昕，单昭祥．独立学院应用型会计专业人才培养初探——基于广东海洋大学寸金学院的教育与教学改革实践 [J]．财会通讯（综合），2010（7）：154～156

[69] 胡伟．完善实践教学体系培养应用型会计人才 [J]．商业会计，2011（4）：77～78

[70] 丁桦．高校会计专业应用型人才培养模式探索 [J]．财会通讯（综合），2011（8）：29～30

[71] 黄新颖．我国应用型会计人才实践能力培养研究 [J]．商业会计，2012（7）：126～128

[72] 李冬梅，王英．基于实践教学的会计应用型人才培养

探讨［J］．财会通讯（综合），2012（9）：48～49

［73］邓孙棠．应用型会计本科课程体系探讨［J］．财会通讯（综合），2013（1）：40～42

［74］王辉．应用型会计人才质量特征与培养路径［J］．财会通讯（综合），2013（4）：47～50

［75］裘益政，樊晓琪．管理型会计人才培养与会计实验教学改革［J］．会计之友，2014（26）：110～112

［76］滕晓梅．应用型本科会计专业课程体系优化研究［J］．财会通讯（综合），2014（7）：56～57

［77］李明娟．以职业能力为本位的应用型会计人才培养策略研究［J］．教育探索，2015（3）：46～49

［78］赵改玲，孙家平，刘海英．会计学专业应用型人才培养模式的改革探索［J］．商业会计，2015（12）：116～118

［79］黄盈盈，熊智．校企深度融合背景下的应用型会计人才培养研究［J］．职教论坛，2016（14）：67～70

［80］李晓明．注重职业能力的应用型会计专业课程体系构建［J］．财会月刊，2016（24）：118～120

［81］张彩平，宋开阳．地方本科院校“321”应用型会计人才培养模式研究［J］．商业会计，2017（3）：110～112

［82］王玉红．应用型院校会计学专业柔性化实验教学模式构建［J］．职业技术教育，2017（8）：43～47

［83］程安林．卓越会计人才培养模式研究［J］．财会月刊，2012（11）：91～93

［84］涂冰艳，廖康礼，蔡报纯．“卓越会计师”人才培养模式探讨［J］．财会月刊，2012（11）：76～78

［85］王庆石，刘伟，孙宗扬，吴宝峰．本科层次卓越会计人才培养标准研究与设计［J］．教育研究，2013（1）：97～100

[86] 邓学衷，周琼．“校—企”联合教学的本科会计卓越人才培养模式 [J]．商业会计，2013 (2)：119 ~ 121

[87] 何玉润，李晓慧．我国高校会计人才培养模式研究——基于美国十所高校会计学教育的实地调研 [J]．会计研究，2013 (4)：26 ~ 31

[88] 霍影，谭旭红，陈英．高校卓越会计师人才培养导向分析_黑龙江科技大学卓越会计人才培养实践 [J]．财会通讯，2013 (11)：43 ~ 44

[89] 裘益政，许永斌．基于管理型特色的卓越会计人才培养模式研究 [J]．商业会计，2014 (1)：118 ~ 120

[90] 程安林，王婷，刘佳俐．产学研合作的卓越会计人才培养实施机制探讨 [J]．大学教育，2014 (2)：81 ~ 83

[91] 滕晓梅．应用型本科院校卓越会计人才培养内涵研究 [J]．财会月刊，2014 (9)：121 ~ 125

[92] 张伟，王新红，王媛．卓越会计师素能结构及培养路径 [J]．财会月刊，2015 (6)：113 ~ 115

[93] 翟华云，胡娟．协同创新背景下卓越注册会计师培养模式研究 [J]．会计之友，2015 (18)：114 ~ 117

[94] 李定清，钟廷勇．高校卓越会计人才培养的目标与策略研究 [J]．教育探索，2016 (2)：78 ~ 80

[95] 霍影．高等学校卓越会计人才培养体系研究——基于“德、知、行、思”四维度 [J]．财会月刊，2016 (6)：126 ~ 128

[96] 邹娟，胡淑娟，胡胜．新建本科院校“卓越会计人才”培养机制研究 [J]．财会通讯，2016 (19)：45 ~ 46

[97] 俞军，魏朱宝，巫绪芬．卓越会计师人才培养模式探讨 [J]．财会通讯，2017 (7)：45 ~ 48

[98] 刘华，翟华云．卓越本科会计人才培养模式探究——国际化、专业化和个性化导向［J］．商业会计，2017（3）：112～113

[99] 张黄，徐飒，罗永辉．基于校企合作的卓越会计人才培养模式探析［J］．英语教师，2017（14）：35～38

[100] 张自伟．地方本科高校卓越会计师人才培养模式探讨［J］．商业会计，2017（8）：122～123

[101] Institute of Chartered Accountants in Australia, Australian Society of CPAs and New Zealand Society of Accountant. Competency based standards for professional accountants in Australia and New Zealand. 1993.

[102] CICA. The CA Competency Map. 2004. Available via http：//www. cica. ca.

[103] CPA Canada. A Framework for Uniting the Canadian Accounting Profession. 2012. Available via http：//cpacanada. ca.

[104] Mathews, Accounting in higher education：Report of the Review of the Accounting Discipline in Higher Education [R]. 1990.

[105] Reviews [J]. Teaching Theology & Religion, 2004, 7 (3).